曾志与广州电力

南方电网广东广州供电局 编

南方日报出版社
NANFANG DAILY PRESS
中国·广州

图书在版编目（CIP）数据

曾志与广州电力 / 南方电网广东广州供电局编. — 广州 :南方日报出版社，2021.12（2022.7 重印）

ISBN 978-7-5491-2453-4

Ⅰ. ①曾… Ⅱ. ①南… Ⅲ. ①曾志（1911-1998）—传记 Ⅳ. ①K827=7

中国版本图书馆 CIP 数据核字(2021)第 233180 号

ZENGZHI YU GUANGZHOU DIANLI

曾志与广州电力

编　　者：南方电网广东广州供电局
出版发行：南方日报出版社
地　　址：广州市广州大道中 289 号
出 版 人：周山丹
出版统筹：阮清钰
责任编辑：蔡　芹　黄敏虹
封面设计：肖晓文
版式设计：邓晓童
责任校对：裴晓倩
责任技编：王　兰
经　　销：全国新华书店
印　　刷：广州市尚铭印刷股份有限公司
开　　本：787mm×1092mm　1/16
印　　张：12.5
字　　数：238 千字
版　　次：2021 年 12 月第 1 版
印　　次：2022 年 7 月第 5 次印刷
定　　价：60.00 元

投稿热线：（020）87360640　　读者热线：（020）87363865

>> 曾志在广州

>> 曾志照片（由曾志的通讯勤务员、广州供电局退休员工张向华收藏提供）

>> 1953年5月，曾志主持广州电业局先进经验交流展览大会

>> 1954年广州当选全国人民代表大会代表集体合照，后排右一为曾志

>> 20世纪50年代，出任广州市委书记的曾志

>> 1959年，曾志在广州视察工厂

>> 20世纪60年代初，曾志（右）在广州白云机场接待外宾

>> 1979年，时任中共中央组织部副部长的曾志访问日本

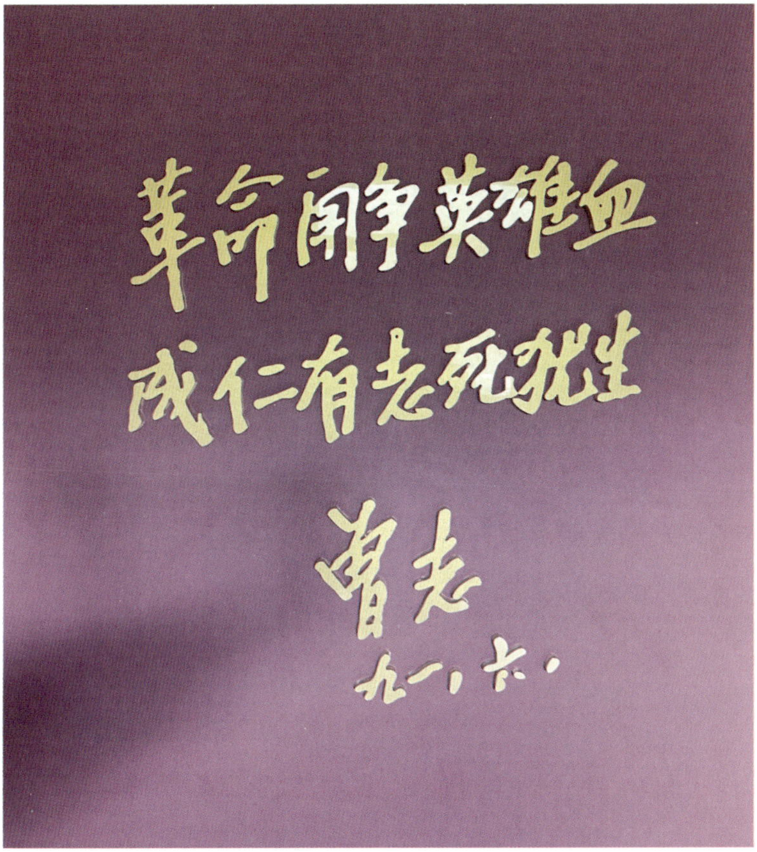

>> 曾志手迹

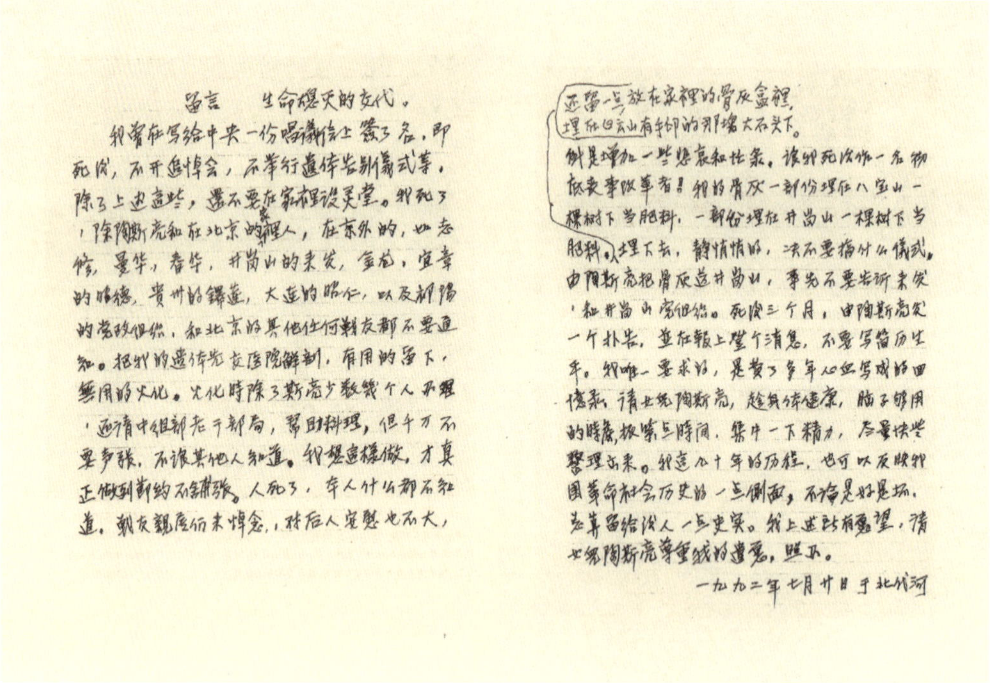

留言　生命熄灭的交代。

我曾在写给中央一份倡议信上签了名，即死后，不开追悼会，不举行遗体告别仪式等，除了上述这些，还不要在家裡设灵堂。我死了，除陶斯亮和在北京的家裡人，在京外的，如志修，曼华，春华，井冈山的来发，金龙，宜章的晓德，贵州的铎遥，大连的昭仁，以及湘阳的党政组织，和北京的其他任何亲友都不要通知。把我的遗体先交医院解剖，有用的留下，无用的火化。火化时除了斯亮少数几个人外，还请中组部老干部局，帮助料理，但千万不要声张，不让其他人知道。我想这样做，才真正做到节约不铺张。人死了，本人什么都不知道，亲友亲属们来悼念，对后人安慰也不大，反是增加一些悲哀和忙乱。让我死后作一名彻底求事革命者！我的骨灰一部份埋在八宝山一棵树下当肥料，一部份埋在井冈山一棵树下当肥料，还留一点放在家裡的骨灰盒裡，埋在四六山有钟印的那块大石头下。埋下去，静悄悄的，决不要搞什么仪式。由陶斯亮把骨灰送井冈山，事先不要告诉来发，和井冈山党组织。死后三个月，由陶斯亮发一个讣告，并在报上登个消息，不要写简历生平。我唯一要求的，是费了多年心血写成的回忆录，请女儿陶斯亮，趁我还健康，脑子够用的时候，抓紧点时间，集中一下精力，尽量快些整理出来。我这几十年的历程，也可以反映我国革命社会历史的一点侧面，不论是好是坏，总算留给后人一点史实。我上述的希望，请女儿陶斯亮尊重我的遗意，照办。

一九九二年七月廿日于北戴河

>> 曾志遗嘱《留言　生命熄灭的交代》

目 录

引言
从革命家到建设者

曾志，原名曾昭学，1911年4月4日出生于湖南省郴州宜章县。母亲出身盐商之家，虽然不识字，但思想开明，易于接受新事物，十分鼓励孩子上学读书。曾志12岁的时候，就在母亲的支持下外出求学，先后在长沙教会学校和衡阳第三女子师范学校受教育。

1926年8月，曾志考入湖南衡阳农民运动讲习所。在报名的时候，她把名字改成了“曾志”，以明其志：“我就是要争志气！”。

在农讲所里，因为军事训练很辛苦，同期的其他女学员都转入较为轻松的政治运动讲习所，只有曾志坚持了下来。她在这里初步接触了马克思的科学社会主义原理，开始思考革命和人生的重大问题，毅然反抗包办婚姻，用行动反对封建旧礼教，并从此树立了共产主义的信仰和为劳苦大众翻身解放而奋斗的志向。

1926年10月，15岁的曾志光荣地加入了中国共产党。当作为新党员表态时，曾志只说了两句：“从今以后，我生为党的人，死为党的鬼，奋斗终生，永不叛党！”

1927年，曾志以总分第八名的优异成绩从农讲所毕业，随即到中共衡阳地委组织部（衡阳农民协会）担任干事，从事地下工作，完成了为党组织千里投送密件等任务。南昌起义失利后，朱德的部队到了郴州，推动湘南地区革命形势迅速发展。1927年9月，曾志到郴州工作。1928年1月湘南

>> 1927年3月，衡阳农民运动讲习所，右起第七人为曾志，她是当时该所唯一的女学员

起义后，郴州苏维埃政府成立后，曾志任秘书长。她把留长的头发重新剪短，换上男学生装，扎着红腰带，有时头上裹块红头巾，背起红缨大刀，十分威武神气，当时人称“红姑娘”。

1928年4月，曾志跟随朱德部队前往井冈山，参加了朱毛红军在井冈山胜利会师。

1928年6月，毛泽东、朱德率领红四军在江西宁冈、永新两县边界的七溪岭、龙源口地区打退江西国民党的进攻，取得了“龙源口大捷”。这次战斗歼敌一个团，击溃敌人两个团，红军军威大振，井冈山根据地进一步扩大。这是曾志第一次参加大规模战斗。

在保卫井冈山根据地的战斗中，曾志参与了著名的“黄洋界保卫战”。虽然怀孕七个月，只能留守后方，但曾志主动担任削竹钉、送信、护理、送饭等后勤工作，与后方留守处的战士们一起击退了敌人的轮番进攻。经过这一战，曾志成长为真正的红军女战士。

为了改善医疗条件，1928年10月，红军和革命群众自己动手，就地取材，在小井建造了小井红军医院。曾志虽然怀着身孕，仍旧和军民上山砍木头、背木头，参与医院修建。后来，17岁的曾志担任了后方总医院党总支书记。

1929年1月，曾志跟随毛泽东的队伍离开井冈山，向赣南、闽西挺进。1929年12月，红四军第九次党代会在福建省上杭县古田镇的廖氏宗祠召开，这就是著名的古田会议。曾志作为闽西共青团特委书记，列席了这次会议。

1930年，曾志奉命调到厦门，在国民党统治区以西药店老板娘的公开身份从事地下工作。随后曾志辗转在漳州、福州等地从事地下活动，还参与建立闽南新苏区。1933年，曾志被调到闽东工作，参与建立了闽东第一个红色政权。2002年，时任浙江省委书记的习近平同志在丽水（丽水毗邻闽东，习近平同志曾任闽东宁德书记）调研时曾提及：“曾志同志担任中组部副部长的时候，她经过调研，给中央提建议，追认闽东为苏区。”

1935年春，闽东苏区失陷后，曾志与党组织失去联系。她一边寻找党组织，一边投身到各类群众性的救亡活动中去。在历经艰险、千里寻党的20个月后，曾志终于在上海找到党组织。她感慨道：“我又投进了党的温暖怀抱，重新拥有了政治生命。从此，我感到人生更有价值，生活也更加美好了。”

>> 1932年在厦门从事地下工作的曾志

1938年10月，曾志到湖北荆当远中心区[①]担任区委书记，统管秘密与公开两条战线。她表面上的身份是饭店、旅店的女老板，实则是为了接近国民党军队上层人物，借机了解情报，同时秘密建立党组织和地下武装，发动群众抗日救亡。

① 第二次国内革命战争时期，中国共产党在荆门、当阳、远安三县交界处建立的地方党组织和武装，是湘鄂西革命根据地的重要组成部分。抗日战争时期中共湖北省委认为，这块红色的土地上有很好的群众基础，便决定在这里成立中共荆当远中心区委员会，直属省委领导，后改为中共荆当远中心县委员会。

1939年，曾志赴延安马列学院学习。在延安，曾志得到了毛泽东的鼓励：“学理论一年不够，最好学三年，至少要学两年。学马列要精通它，要学会运用，要多读些经典著作，而且要用心精读。”在那里，没有椅子，她便自己带过去坐；没有桌子，便在膝盖上做笔记。虽然环境简陋，但曾志回忆在延安的岁月，觉得精神生活很富足。

1945年，抗日战争胜利前夕，中共中央决定派一批干部深入日军占领区。中央要求不准让女同志前往，也不准带家属。但曾志主动向毛泽东要求前往敌后打游击，到最危险的地方去，用鲜血来证明自己的忠诚。

在东北，曾志先后任沈阳市委委员、辽吉省委委员等职务。1948年，曾志参加了辽沈战役。沈阳解放后，曾志受命重返沈阳。她深入动员工人，接管大中企业，实行民主改革，迅速组织生产，为沈阳快速恢复生机和活力作出了贡献，也积累了工业建设工作的宝贵经验，为她后来在广州管工业生产打下了基础。

1951年，曾志的丈夫陶铸奉调广东省委工作，曾志觉得“十年来，我与他（陶铸）离多聚少，即使相聚，也是匆匆一见，一直无法待在一起过日子，作为妻子，我内心一直有一份内疚感。我觉得我应该去广州，工作岗位离他近一点，尽尽人妻之责”。更好地陪伴家人、照顾家庭，是曾志想调往广州的初衷。1952年10月，在中南局领导的支持下，曾志被任命为中南工业部副部长，兼任刚成立的广州电业局第一任党委书记、局长。

曾志革命的前半生可谓风云激荡，然而，南下广州开展电力工业建设，对曾志来说却是全新的一课。

广州有电的历史可以追溯到1888年，它是全国第二座点亮电灯的城市。1889年，广东商人黄秉常开办了中国第一家民办电灯公司，由此逐步形成了以广州等地区为中心的民族资本办电的热潮。1900年英国旗昌洋行在广州五仙门开办粤垣电灯公司，安装投产4台容量共546千瓦的蒸汽发电机组，这就是五仙门发电厂的前身。

1909年7月广州官商集资150万元赎回粤垣电灯公司，改名为广东电灯股份有限公司，1911年，安装1台1000千瓦发电机组，广州市开始有2.3千伏配电线路。1915年，电灯公司完全商办，1919年改名为广州市商办电力股份有限公司。1920年在五仙门旧厂房旁边扩建新厂，改名为广东省会电力机厂。1933年2月15日广州市电力管理处兴建河南发电厂，与五仙门发电所联络。1934年广东省政府将广州市商办电力股份有限公司收归市营，由广州市电力管理委员会主管。同年，广州市政府决定在西村建设新的发电所。1937年12月1日，广州西村发电所2台1.5万千瓦汽轮发电机组安装及初

>> 1906年的五仙门发电所

>> 1938年10月20日烧毁的西村发电所二号发电机（1950年摄）

步试机完毕，发电供西关一带用户。

广州用电虽然起步早，却历经磨难。1937年7月7日，日本发动卢沟桥事变，全面抗战爆发。1938年10月广州沦陷，百业萧条，电力遭到极大破坏。广东发电装机容量减少38%，发电量锐减至战前的四分之一。在连年战火中，广州仅有的西村、五仙门、河南（旧时称广州珠江南岸区域为河南）三间发电厂遭受了严重破坏。1949年国民党当局在败退广州前夕，提出“总撤退、总罢工、总破坏”的行动口号，妄图把广州变成废墟，还炸毁了当时珠江上的第一条跨江大桥——海珠桥。多年战祸动乱，广州交通被破坏，工商业萧条，农业衰落，物价混乱，财政困难，人民生活贫困。广州市人民政府和市军管会成立之后，全面开展对国民党市政府系统各机构的接收工作，建立国营经济，团结各界人士建设新广州。市委、市政府为安定民心，大力整治社会秩序，统一货币，打击金融投机，平抑物价，救济和安置失业工人，收容安置游民，大力禁毒禁赌，使广州的社会环境

>> 1938年遭日军飞机轰炸后的广州

得到了明显改善，为开展新的社会经济的改革和发展创造了必要的条件。与此同时，广州电力工业基础薄弱，亟需修复和发展，全市供电面积不足60平方公里，最高供电负荷仅为2.669万千瓦[①]，相当于2021年的1/736。

在组织机构上，广州电业也经历了多次调整变迁。1949年10月广州解放后，实行军事管制，广州电力企业工作由军事代表领导。1950年1月，广州市电业管理处成立[②]，直接管辖西村发电厂、五仙门发电厂以及广州市的供电线路、变电站，而管理处和西村、五仙门发电厂的生产经营则由经理、

① 广州市人民政府电业管理处：《广州市人民政府电业管理处解放以来企业情况》，1951年8月。

② 广州市人民政府电业管理处：《广州市人民政府电业管理处解放以来企业情况》，1951年8月。

厂长负责。1952年10月，广州电业局成立，负责管理广州电网的生产建设，并对省内其他电力企业进行技术业务指导，下属单位有西村发电厂、五仙门发电厂、修配厂等[①]。

正是在这样的背景下，曾志接过了广州电力工业扬帆起航的第一棒，从一名革命家转型为建设者。

“我认为我母亲是新中国第一批从事工业建设的革命者，是转型的革命者。这对于她的一生来说是一个重大的转折。我为我母亲能成为新中国第一批电力工业建设者而自豪！”曾志的女儿陶斯亮说道。

曾志上任之初，正值新中国成立后执行第一个五年计划（1953—1957年）的开端，广州市力求由消费城市向工业生产城市转变。此时在全国电

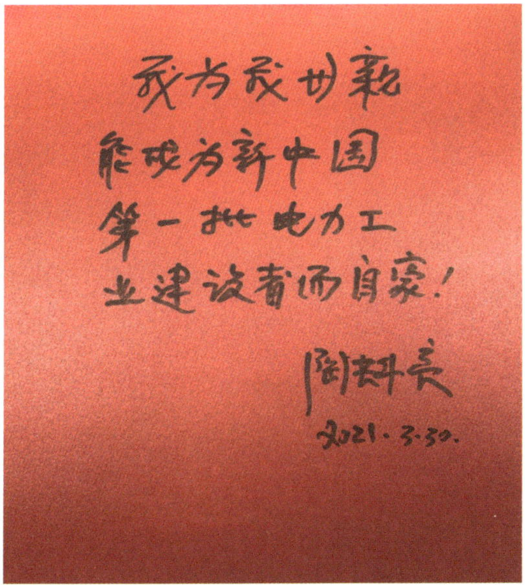

>> 曾志女儿陶斯亮于2021年3月30日在广州题字

① 广东省地方史志编撰委员会：《广东省志·电力工业志》，广州：广州广东人民出版社，1998年。

>> 1949年广州西堤路上的电杆电线

力工业加快恢复和发展的大背景下，广州西村发电厂经过三年努力，先后修复因损坏而长期弃置的一号、二号中压汽轮发电机组并恢复运行。从1950年开始，新建发电厂统一采用50赫兹的发电机组并统一电压；1952年2月在统一频率和电压的基础上，广州建成投运13.2千伏河南输变电工程，五仙门发电厂与西村发电厂并网运行，联成广州电网，成为广东电力系统形成的开端。

但是当时，阻碍广州电力工业发展的“卡脖子”问题仍有不少未得到彻底解决：广州电源布点少，仍保持新中国成立前仅有三家发电所的状态；发电所厂房设备多次遭遇战时炮火，长时间没有得到很好的保养和维护；广州电网网架基础薄弱，基本保持新中国成立前形成的主环网结构；网架没有进行检查维护，设备油质、油量和负荷不符合标准；社会用电量处于较低水平，线路紊乱、残破，输送电系统最高供电负荷只有2.4万千瓦，市区还有很多居民未使用电灯照明；内部管理混乱，工人安全生产意识不足，生产效率较低，自主创新能力有待提升，发供电设备存在严重缺陷损坏，煤耗率和线路损失率较高。

曾志与广州电力的故事，就是从这里开始的……

第一章 领航广州电业

曾志调往广州的初衷是为了更好地陪伴家人，但她走马上任后做的第一件事，就是把局党委办公室安在了当时广州重要供电电源之一的广州西村发电厂，每个周六才匆匆回到城里和丈夫、孩子团聚。

曾志晚年曾对孩子们说："只要为了党的利益和需要，我可以舍弃一切，包括生命，因为我不仅是一个女人，更是一名战士。"[①]比起和亲人团聚，如何迅速开展工作、修复设备机器、提升供电量、发展工业建设，为恢复国家经济、改善人民生活水平贡献力量，才是当时这位领导干部压在肩上最沉的担子、心中最重的责任。

① 王青青：《曾志画传》，北京：北京大学出版社，2011年，第224页。

一、把局党委设在厂内

一唱雄鸡天下白。1949年10月1日，中华人民共和国成立。10月14日，广州解放。10月15日，中国人民解放军派代表进驻广州的发电所。10月26日，军管组接管了发电所等单位。随后，广东各地发电厂先后转为国营、地方国营或公私合营，迅速恢复电力生产。

与此同时，广州和各地电力部门先后建立党组织和团组织。1950年2月，西村发电厂团支部公开成立（因当时国民党残余势力尚未彻底肃清，党组织还没有正式公开），这是广州地区厂矿企业首个公开建立的团支部。3月发电厂党小组成立，4月发电厂工会组织也正式成立。发电厂广大

>> 1949年10月14日，广州解放

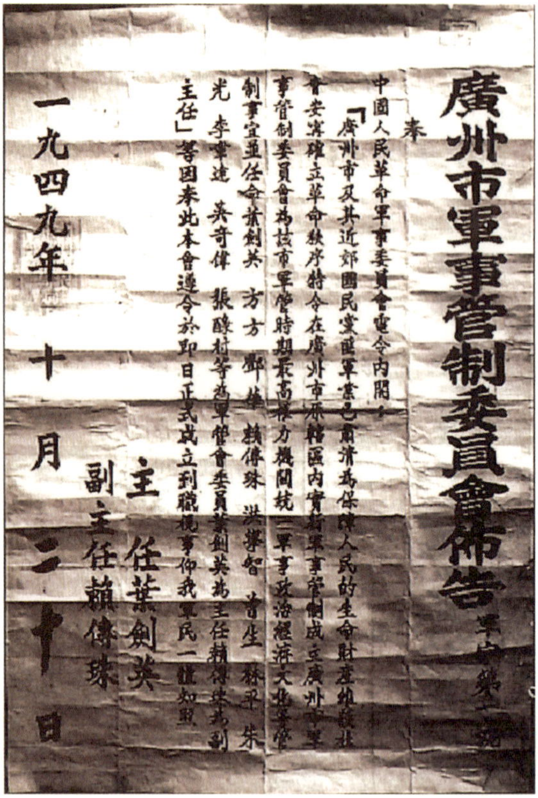

廣州市軍事管制委員會佈告　軍字第一號

奉

中國人民革命軍事委員會電令內開：

「廣州市及其近郊國民黨匪軍業已肅清為保障人民的生命財產維護社會安寧確立革命秩序特令在廣州市原轄區內實行軍事管制成立廣州市軍事管制委員會為該市軍管時期最高權力機關統一軍事政治經濟文化等管制事宜並任命葉劍英　方方　鄧華　賴傳珠　洪學智　曾生　林平　朱光　李章達　吳奇偉　張醁村等為軍管會委員葉劍英為主任賴傳珠為副主任」等因奉此本會遵令於即日正式成立到職視事仰我軍民一體知照

主　任　葉劍英

副主任　賴傳珠

一九四九年　十　月　二十　日

>> 1949年10月20日广州市军事管制委员会布告

职工在军代表、工作队和党、工、团组织的带领下，积极投入修复已损坏的一号汽轮机和二号发电机的工作。5月，广州电业管理处党支部成立，属广州市政党总支领导。1952年3月，广州电业管理处成立临时党总支，同年，党组织正式公开。1952年10月，广州电业管理处改名为广州电业局，并成立广州电业局党委。

党组织公开后，就一直全面领导着企业的各项工作。1952年10月，时任中南工业部副部长的曾志兼任广州电业局第一任党委书记、局长。

当时，广州电业局办公地点设在了广州市内泰康路162号的华安楼，曾志的办公室设在五楼。不过，曾志很快就作出调整。

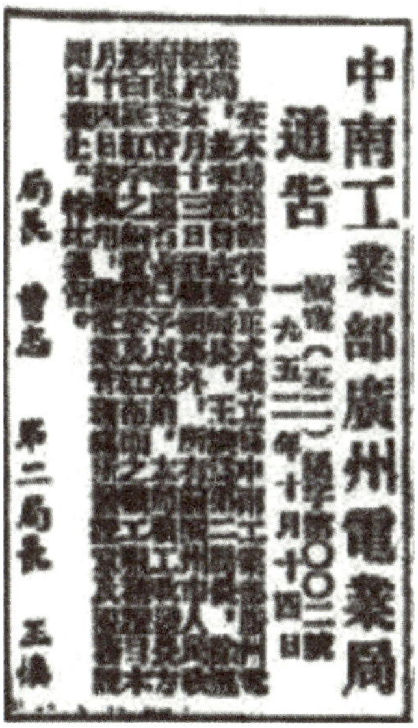
中南工業部廣州電業局
通告
一九五二年十月十四日
局長　曾志　第二局長　王煥

>> 1952年10月，中南工业部广州电业局成立，曾志兼任局长，王焕任第二局长，韩林、王炎任副局长，陈蔚观任总工程师

>> 泰康路162号的华安楼

>> 中南工业部广州电业局局长印章

“我和发电厂厂长（高军[1]）对业务都是外行，上任伊始，工作千头万绪，要抓的事情实在太多。”曾志在回忆录里说，“我决心从头学起，决心待在最基层。”于是，她把局党委设在了西村发电厂内部，日常办公就在西村发电厂，这样方便自己直接、深入地了解发电厂情况。“好在全国刚刚解放，工人阶级翻身当家做了主人，从内心热爱新社会。再者经过民主改革，工人阶级的政治觉悟也提高了，这些都是我们搞好工作的有利条件。”[2]

西村发电厂宿舍旧址现在还保存完整，典型的20世纪50年代苏式建筑，一栋两层高的红砖楼，每一个房间都很小。据老职工回忆，曾志当年就在二楼找了一个房间住下，中间打了个隔板，后面当卧室，前面做厅堂。左邻右舍都是发电厂一线的干部工人，曾志与他们同吃住、同劳动，没有享受任何特殊待遇[3]。

为了尽孝，不久曾志将一直支持她革命的母亲吴氏接来同住，随后又陆续接来了侄儿侄女和小外甥。人多屋小过于拥挤，曾志便在办公室搭了简易床，晚上睡在办公室，吃饭时回宿舍。天气热的时候，每当吃晚饭，邻里们便将小桌搬到小天井来，曾志一家也不例外，与工人们同在小天井吃饭。大家一起边吃饭边说说笑笑，不太宽敞的天井里充满了欢声笑语，彼此都很亲切，气氛十分融洽。这里的人心是相通的，没有等级之分，没

① 1950—1954年任西村发电厂厂长。

② 广东电网公司新闻中心：《风雨光明路（上）》，广州：南方日报出版社，2019年，第43页。

③ 曾志：《百战归来认此身——曾志回忆录》，北京：人民文学出版社，2011年，第319页。

>> 西村发电厂工人宿舍旧址。据老职工回忆，曾志当时住在二楼（2021年5月23日摄）

有界限，有的只是同志之间深厚的情谊。

平日里，曾志都是待在厂里，只有周末才会回到市中心的家里与丈夫和女儿团聚。曾志的女儿陶斯亮曾回忆道：“解放后，已是人到中年的母亲仍没有选择家庭和安逸，身为广州分管工业的书记，她在西村发电厂的工人宿舍区安了自己的家，将一直支持她干革命的外婆接来以尽孝道。但是她却没有给我和我父亲一个家，她只是周六才会回来看我们一眼。童年时代的我只享受到父爱，渴望母爱居然是种奢望。”[①]

① 陶斯亮：《又到四月 思绪如柳——写在母亲曾志百年诞辰日》，《中华儿女》2011年第11期。

>> 1961年1月，曾志与母亲、女儿在广州达道路

即便是这样，曾志还坚持每个月安排一个周末，邀请职工群众到市中心的家里做客聊天，以便更深入地了解他们的想法，听取意见。原广东省电力工业局党组副书记、副局长颜鸣鹤回忆说："即便休息时间这么短，曾志也坚持每月邀请一位厂里职工到家中做客，一方面深入了解工作实际，一方面也可以拉近自己与职工的距离。"[①]颜鸣鹤是当年从武汉大学毕业分配进入西村发电厂的大学生，他也曾受邀去过一次曾志家中。去之前他还有些忐忑，但到了那里，曾志的热情亲和让他很快放松了下来。那一次，他们就如何改进工作机制等问题攀谈了许久。

① 广东电网公司新闻中心：《风雨光明路（上）》，广州：南方日报出版社，2019年，第40页。

从群众中来，到群众中去，这是曾志开展工作的基本方法。正是这样的依靠群众的方法，让曾志很快打开了工作的新局面。

二、有调查才有发言权

“有调查才有发言权，才能对症下药搞好管理”，这是曾志开展工业工作的信条。在担任中南工业部副部长的时候，为了掌握一手资料，对症下药搞好企业，她首先到一些大的厂矿做面上的调查，了解厂矿企业的一

>> 1949年的西村发电厂

>> 20世纪50年代初，曾志在武汉

般情况。当时在所有工业部门中，煤矿工人的生产、生活条件最为艰苦。为了亲身体验矿工的生产环境，她曾经多次下到萍乡[1]等地的煤矿场。那时候的煤矿机械化程度很低，现场没有足够的安全设施，矿井里又脏又热。但她坚持亲身钻入煤井，爬上几乎垂直的陡坡，切实感受工人采煤的艰苦，每次回到地面，脚都要浮肿好几天。曾志在回忆录中写道，有一次她提出要到一个矿井检查工作，殊不知男性工人普遍为了节省衣服、减少体

① 位于江西省萍乡市安源区境内，有当时南方最大的煤矿。

热几乎都是赤条条干活，加上以前煤矿还有不让女人下井的迷信说法，突然来了一位女干部了解工作，着实让大家吃了一惊。

来到广州电业局之后，曾志清楚，作为管工业的干部，如果自己既没有技术，又没有经营管理经验，对工厂生产工艺缺乏了解，是搞不好工作的。于是她一边工作一边摸索，相信只要肯下功夫、肯学习，“外行”也可以变成“懂行”[①]。

曾志不放弃每一次实践和学习的机会。她经常向厂里干部、技术人员了解情况，商量如何做好生产运行管理、如何开展技术革新，并以工人为老师，向工人们学习、向生产实践学习[②]。

从西村发电厂档案室保存的1952年至1953年厂务会议记录本上，我们可以看到曾志经常参加西村发电厂的日常会议，积极参与到具体厂务工作的讨论部署中。安全生产、党工团、设备检修、生产技术、人才培养或职工关怀等等，她都事无巨细，面面俱到。

谈到曾志的往事，颜鸣鹤回忆道：“记得刚成立广州电业局时，曾志作为局长，她却选择驻扎在西村发电厂，虚心听取干部职工意见，组织开展规程条例的修编，参加工场、车间一线劳动，甚至检修时也钻进锅炉炉膛。那时，我刚参加工作不久，见她凡事身体力行，十分钦佩。曾志高超的管理艺术和优良的作风，让我们终身受益。”

---

① 曾志：《百战归来认此身——曾志回忆录》，北京：人民文学出版社，2011年，第319页。

② 广东电网公司新闻中心：《风雨光明路（上）》，广州：南方日报出版社，2019年，第43页。

三、深入工场车间一线

身为广州电业局的一把手，曾志却很少坐在办公室。她总是穿梭在煤运、锅炉、发电、检修等各个工场车间，听取大家的想法和意见。很快，厂里的人一眼就认得出她，她也记住了大多数人的名字，知道他们的岗位和工作内容。

这天是广州西村发电厂锅炉开始检修的日子，为了抢时间，炉火停后才40多小时，工人们就拿起工具，打湿衣服，穿上防护鞋，准备展开锅炉内外检修。才来发电厂十几天的曾志，在锅炉外面视察检修工作。看到工人进去后，她一把拿过打湿的衣服，往自己身上披，又捋了捋短发，戴上打湿的帽子："来，让我也进去看看。"说着，她动作麻利地往炉膛里钻，大家拦也拦不住。

炉膛里温度非常高，俨然一个巨型烤箱，混合着煤粉、铁锈等杂质的粉尘到处飞扬，空气浑浊，人在里面待个10多分钟就得赶紧出来透透气。工人们穿着厚厚的鞋子，鞋底冒着烟，吱吱作响，打湿的衣帽冒着蒸汽，脸上满是豆大的汗珠。见到曾志也钻进了炉膛，工人们都十分惊讶。副厂长王生保心里一阵激动，几乎都说不出话来："书记您快点……出去吧！里边太热了。"曾志毫不为意，只是环顾四周忙碌的工人，心疼地说："大家辛苦啦！注意安全。"

在西村发电厂里，除了炉内检修，锅炉的节炭器维修起来更是困难。节炭器里面的铁条像箅子[①]一样密密地排列着，时间一久，就会被炉里的烟

① 泛指有网眼用以支撑隔物、过滤的器具。

灰堵住，致使燃烧效率下降，渣油消耗增加。清理节炭器，要从一个1尺（约33.33厘米）多宽的窗口爬进去，用铁钎和棕绳像拉锯一样在1米多深的铁篾子里拉来拉去，把煤灰刮干净。节炭器内的温度和炉内一样，烟气弥漫，让人呼吸困难，作业条件十分艰苦。曾志丝毫没有畏惧，也学着老工人爬进窗口，燃烧的烟气直往鼻子眼睛窜，黑乎乎看不见人，一轮清理除淤下来，清秀的脸庞也沾满了煤灰，可她毫不退缩。

曾志还经常参与供电线路的检修。供电线路一旦发生故障，不论白天黑夜，也不管是晴天雨天，线路工人都得出去检测故障，并在故障点挖开马路，把碗粗的电线拆开修好。有时为了缩短时间，连续作业36小时不休息。曾志坚持和工人们一起加班加点，劳动时还有说有笑，氛围非常融洽[①]。

曾志回忆说："每次检修锅炉或节炭器，我都同工人们一起钻进去。我虽然不能参加重劳动，但我同他们一起进火红的炉膛，工人们很感动，很受鼓舞。我与工人们相处得甚为融洽。"在曾志的带动下，西村发电厂内掀起了自力更生、艰苦奋斗的热潮，干部职工的精神面貌焕然一新[②]。

四、推行计划管理制度

1952年10月29日，广州正是初秋的天气，西村发电厂例行召开厂务

① 广东电网公司新闻中心：《风雨光明路（上）》，广州：南方日报出版社，2019年，第43页。

② 曾志：《百战归来认此身——曾志回忆录》，北京：人民文学出版社，2011年，第319页。

>> 20世纪50年代初期的曾志

会，出席人员除了厂长高军、工程师黄新民、沈亚英、梁志谦、刘光等人，还有刚上任十几天的曾志。她列席会议，坐在一旁认真聆听大家讨论制订生产计划中遇到的问题①。

新中国成立初期，基于对社会主义经济理论的理解和对苏联的学习与效仿，国家逐步建立起了计划管理机构，并对一定范围的国民经济实施计划管理。1952年广州电业局设立计划科，统管大修改进工程计划、售电计划、财务计划、劳动工资计划，开始有专职部门管理计划工作，一改新中

① 广州电业局：《西村发电厂厂务会议记录》，1952年10月29日。

国成立前计划管理工作薄弱的状况①。同年12月，党中央发出《关于编制1953年计划及长期计划纲要若干问题的指示》，提出了制订“一五”计划的指导思想。

然而，广州电业局一些干部职工对全新的工业生产管理模式怀有抵触情绪，认为实施全面计划困难大，没有意义。管理层领导在制订计划时也粗枝大叶，没有经过详尽的研究，不能将企业生产的各种因素科学地组织起来，脱离实际，导致了贪多冒进或者保守的后果。

1953年，曾志组织对发电厂的春季生产计划进行复查时发现，不少领导干部制订计划时对各项生产指标和工程项目事先缺乏充分的全面研究。有些计划订得太高了，比如调整劳动组织配备四套干部，只是笼统提出，没有具体的准备工作计划；有些计划又订得太低，比如一些6天可以完成的工程，却定为10天；一些迫切需要开展而又有条件实现的工作，却没有在计划中安排，比如工程、技术、组织上的措施，事先都没有计划，因而很难掌握计划的完成情况和施工进度，造成计划不断变更、产生拖延现象②。

导致这些问题的原因主要是没有深刻认识到制订计划对运用计划管理生产的重要作用，为此，曾志马上组织管理层干部学习讨论。曾志从打通干部思想着手，分析了过去不重视计划造成的损失，树立起领导干部对计划重要性的认识。大家深入讨论了编制全面计划的意义，思考在平均先进定额基础上制订计划的可行性。曾志还指出可以发动群众，依据分配的控

① 《广州电力工业志》编纂委员会：《广州电力工业志》，2001年。
② 《广州电业局初步推行作业计划的收获》，《广州日报》1954年5月15日。

制数字与各种材料来制订计划[①]。

从西村发电厂的厂务会议记录可以看到，曾志与领导干部们就共同推进生产计划的制订进行过多次商讨。曾志在会上强调：

> 要把计划多讨论几次，越讨论得多，就会露出更多的问题来……做计划的重要性一定要使每个人认识清楚。
>
> 没有全面计划，就不可能达到运用计划来管理工厂的目的。
>
> 大家要很好地集中力量发动组织群众做好订计划的工作，计划做得好对我们领导干部有很大的好处，有计划就能按章办事，使工作不会乱，大家对目前订的计划不要满足，要深入地想办法去搞好。[②]

曾志采取由上而下、层层发动的方式制订计划。厂长高军召开工厂管理委员会会议，通过季度计划的中心关键问题，按各种计划性质，分配专人草拟，并组织有关干部和工人骨干反复讨论修正。接着召开工管扩大会，或职工代表会、党团员大会，报告工厂计划草案，然后编成小组，进行反复讨论，发动骨干和积极分子提出补充修正意见，使计划为骨干积极分子所掌握。又依据工厂计划，组织车间各员，有关生产小组长，个别先进工作者及工作队同志，草拟车间各种计划，再组织各车间小组会议，给车间计划提合理化要求。如此自上而下一层层完成全面计划的制订。由此

① 《如何发动群众制订生产计划》，《广州日报》1953年4月6日。
② 广州电业局：《西村发电厂厂务会议记录》，1952年11月7日。

>> 工人们在炉房中操作设备

制订出来的计划，可以做到既“透”又“快”[①]。

发电厂在制订1953年夏季计划的时候，就运用了曾志的工作方法。当时上级分配到西村发电厂的煤更改为萍乡煤，煤耗可能在0.7%以上，比原先的0.58%要高。根据被分配的煤较以往煤耗高的问题，发电厂领导层围绕以技术来控制煤质的问题，计划加强管理部门与生产部门的配合协调。面对在计划执行过程中出现的新问题，如控制煤耗增加问题比预估的要更加困难、供应材料不及时、人员对设备不熟悉等，曾志及时组织大家开会讨论，梳理对策，让各部门结合自身职责想办法、找窍门，学习先进经验，

① 《如何发动群众制订生产计划》，《广州日报》1953年4月6日。

>> 1953年，西村发电厂工程队修理一号锅炉

对计划进行调整[①]。通过讨论研究，西村发电厂很快克服困难完成夏季计划。

1953年，在曾志计划管理工作的指导下，发电厂按季按月编制了工厂、车间及小组的生产财务计划，工人的计划观念逐步加强，所订各种指标对生产起了指导作用与刺激作用。上半年，工人们基本上都能比较均衡地完成生产计划。1953年11月20日，广州电业局提前41天完成了全年的生产计划，并超额完成了全年的上缴利润任务[②]。

作业计划是生产计划的重要内容，是加强计划管理的主要环节。中央人民政府燃料工业部提出的改进全国电业的六项方法中，提到要建立有计

① 广州电业局：《西村发电厂厂务会议记录》，1953年6月10日。
② 《广州电业局提前完成全年生产计划》，《南方日报》1953年11月27日。

划的定期检修制度[①]。

新中国成立前，广州电力对检修工作做得极不彻底，既不定期检修，也无技术标准，头痛医头，脚痛医脚，事先既无一定计划，事后也没有详细记录，因此常有检修工作跟着事故走的现象[②]。当时，《广州日报》刊文指出：广州电业局在解放以来，对供电设备的整理、检修及线路的维护、抢修等工作，是作了很大努力，并有了很大成绩的。但是，供电设备工程的检修质量、线路的维护及发电厂执行安全经济运转的各种规程制度等，仍然存在着不少缺点。这些缺点的存在，也是影响供电的一个很重要的原因[③]……施工前没有做好准备工作，干起活来工具不足，材料供应不上。有时为了进行检修，已经停止部分地区的供电，但临时领不到材料，不能进行工作；有些工作已经完成了却又列入计划内，结果白跑了一趟；有些情况已经改变仍按原计划去做，结果无法施工。计划的准确性很差，计划规定要一天来做的工作往往四个小时就可以做完了；更有些工作想起来就做，根本没有计划[④]。

曾志等领导干部逐步明确，推行作业计划能克服企业管理工作中的混乱现象、生产中的脱节和不均衡状态，保证企业计划的贯彻，不断消灭生产中的薄弱环节。

由于锅炉大修需要的时间比较长，落实计划检修制度首先从锅炉开

---

① 王林等：《电力工业的重大改进》，北京：燃料工业出版社，1951年，第26页。

② 广州市人民政府电业管理处：《广州市人民政府电业管理处解放以来企业情况》，1951年8月。

③ 《广州电业局应提高检修质量》，《广州日报》1953年9月21日。

④ 《广州电业局初步推行作业计划的收获》，《广州日报》1954年5月15日。

始。1953年6月西村发电厂一次日常厂务会议上，大家聚在一起，对检修工作的计划性展开了讨论。

“除了检修锅炉工作外，还有很多计划工作出现，各单位要很好地事先估计。”厂长高军对眼下的工作作了介绍，“这次修炉的时间比以前较长，要预先做好各项准备工作。”工程师孙百城提出：“秋季比夏季的工作困难是要多一些，主要是由于发电量的变化、检修炉的时间变化、煤的来源与供应有变化。”副厂长王生保也指出，要保证修炉的质量，需要考虑人员工作时间安排。

经过讨论，大家都认同要先做好计划。可传统观念认为，只有在机械、钢铁或其他工序紧密连接的工业才可以推行计划，而在电业部门则难以推行计划[1]。因此，即便大家都认为做好计划对顺利完成检修任务能够发挥作用，但一时也还拍不了板。

针对大家的讨论和顾虑，曾志则表示：“机炉电的检修，我们做了计划。希望各工场都要好好研究，想办法保证安全地完成任务。汽机方面要保证安全，电气要保证检查好，要多开大小会议研究修机修炉工作。”[2]

1953年，广州电业局发电厂执行检修计划，展开了机炉大检修工作。在检修过程中，电业局定出准确细致的进度表，并采用流水作业法，保证“安全、快、好、节约”。泥水、起重、清灰、冷作、钳工、烧焊等各个工种，根据进度表所规定的工序、时间，相互衔接，紧密配合，避免了各工种和工序之间不配合而影响工作进行的问题。

① 《广州电业局初步推行作业计划的收获》，《广州日报》1954年5月15日。
② 广州电业局：《西村发电厂厂务会议记录》，1953年6月21日。

>> 曾志与王焕合影（1982年摄）

1954年1月8—9日，中共广州市委工业部召开全市国营、地方国营、公私合营工厂企业干部会议，布置1954年全年工作及第一季度具体任务，并提出了关于贯彻中共中央中南局“加强计划管理、推行作业计划及建立与健全责任制的指示”的方案[1]。

有了开展计划检修的经验，在维护、修配和各项工程中全方位积极推行

① 《中共广州市委工业部召开各工厂企业干部会议布置全年及第一季度任务》，《广州日报》1954年1月13日。

>> 西村发电厂工人修好汽轮发电机

作业计划的工作也就水到渠成。曾志和王焕等人也积极学习上级关于加强计划管理的指示和先进工厂关于加强计划管理、推行作业计划的具体做法和经验，并将其运用到广州电业局的实际工作中去。新中国成立前线路的维护修理工作是哪里出事故就往哪里跑，工作非常被动而且事故频发。推行作业计划后，维修工人逐渐认识到要想加强安全工作，必须事前防止事故；同时又必须掌握设备弱点，熟悉设备情况，加强巡查工作，有计划地针对设备弱点经常性开展安全维护工作，建立按段分工负责制度。各工段根据具体情况制订按月、按旬、按日的作业计划，使线路检修变被动为主动，逐步做到事先防止事故发生。

通过作业计划，领导层摆脱了事务主义的束缚，有时间通盘考虑生产上的重大问题。比如，以前经常有厂长、科长等着找曾志，领不到材料找曾志，少一两个人也找曾志。推行作业计划之后，曾志除了有计划地听取汇报和主动检查生产外，其他琐碎事情大大减少。另外，推行作业计划促使领导熟悉和逐步掌握生产情况，对领导提高企业管理水平起了很大作用。与此同时，工人也能提出合理建议，改进工作方法。这也提高了工人的工作效率，增强了参与感，更提升了他们的主人翁精神。

后来，善于总结经验的曾志把从这些工作实践中获得的计划管理思想，推广到更广泛的企业管理和工业建设上。1954年12月，在中共广州市委工业部召开的全市国营、地方国营、公私合营工厂企业干部会议上，作为广州市委“工业书记”的曾志作了《广州市国营、地方国营、公私合营工厂企业一九五五年上半年企业管理与政治工作要点》的报告。她把在电厂取得的，包括着重提高作业计划质量、加强计划的审查、下达与贯彻的工作、健全基层记录、指示图表与统计分析、建立与健全科室作业计划等经验，推广到了国营工厂以及地方国营工厂[①]。

① 《中共广州市委员会工业部召开工厂企业干部会议布置明年上半年工作任务》，《广州日报》1954年12月30日。

第二章 筑牢安全防线

广州电力工人是一群创造奇迹的人。新中国成立前夕，他们组成护厂队，保护供电设施不被国民党反动派破坏。新中国成立初期，他们发动集体智慧，自主修复被专家判“死刑”的电力设备，大大提高电力设备的利用率。

被电力工人可贵品质和工作激情深深感染的曾志，非常尊重关爱这个新中国建设的生力军。她强调“不重视工人阶级的生命安全是剥削阶级的思想残余”[①]“设备的安全、人身的安全问题是关系到我们社会主义建设速度的问题”[②]。在接手广州电力后，她积极鼓励修复受损机器，推行“安全第一”的生产理念，坚持安全教育，建立健全规程制度，狠抓安全生产。在她任上，广州电力建立了一套较为完整的安全体系。

① 曾志：《广州电业局西村发电厂的安全生产工作》，《广州日报》1953年7月22日。

② 《搞好安全生产　推动增产节约》，《广州日报》1969年9月20日。

一、设备是生产的基础

1949年10月，广东临近解放，国民党反动势力妄图破坏电力设施，制造混乱。广州、肇庆等地的中共地下组织，深入电业部门，组织力量保护发电厂，迅速修复被破坏的电力设施，迎接解放。在中共广州市地下组织的影响下，西村、五仙门发电所的工人组织了“护厂队”加强值班，国民党军队和特务分子始终未能进入发电厂破坏[①]。

>> 1949年10月14日被国民党军警特务炸毁的广州海珠桥

① 广东省地方史志编撰委员会：《广东省志·电力工业志》，广州：广东人民出版社，1998年。

>> 1949年10月15日解放军占领广州后迅速抢修被炸毁的海珠桥

广州电业局老职工彭合和对这段经历印象深刻：“国民党炸海珠桥的前半个钟，我还从海珠桥经过。……走过海珠桥的时候就已经见到很多炸药放在桥上，那时候年纪小，也不知道为什么桥上放了这些东西。等到我回到家刚刚坐下，海珠桥就发生了爆炸。五仙门发电所就正好在海珠桥旁边，爆炸的声浪把门窗的玻璃都镇碎了。”[①]

海珠桥被炸时五仙门发电所一度停止供电，西村发电所的值班工程师立刻给锅炉增压，顶替了五仙门发电所的配电空缺。广州电业管理处供电科工人次日冒着敌机空袭的危险火速进行抢修，架设临时架空线向珠江南

① 广州供电局：《彭合和采访记录》，2021年3月26日。

岸供电。

在新中国成立后的三年间，全国消灭了二百万以上的土匪，并监禁和管制了大量的反革命特务分子，社会秩序空前安定[①]。

然而，反动势力依旧威胁着电力设施。为了保护供电设施、守护城市光明，广州电力工人组成“工人纠察队”和“护厂纠察队”，开展巡逻守卫，研究防务，“与发电厂共存亡”。

“解放初期社会很复杂，反动分子想破坏发电厂。我们就组织了工人纠察队，每个人配了枪。”彭合和回忆道，“国民党想炸毁五仙门发电所，但没成功，我们照常发电。那里成为国民党的重点破坏对象，因此我们组织大家进行护厂。”[②]

>> 广州电业局五仙门发电所工人纠察队合影（摄于1953年5月4日）

① 《中华人民共和国三年来的成就》，《南方日报》1952年10月1日。
② 广州供电局：《彭合和采访记录》，2021年3月26日。

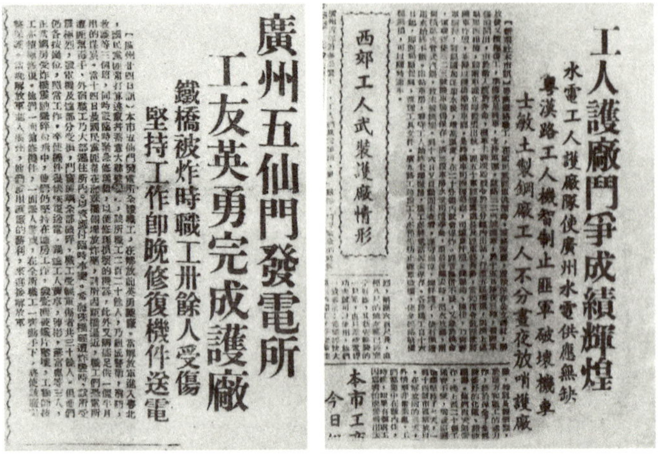
廣州五仙門發電所
工友英勇完成護廠
鐵橋被炸時職工卅餘人受傷
堅持工作卽晚修復機件送電

工人護廠鬥爭成績輝煌
水電工人護廠隊使廣州水電供應無缺
粵漢路工人機智制止匪軍破壞機車
士敏土製鋼廠工人不分晝夜放哨護廠

西郊工人武裝護廠情形

>> 1949年10月24日香港《大公报》关于五仙门发电所工人护厂斗争的报道

在有效开展护厂运动的同时，广州电业局积极组织设备的修复工作。

西村发电厂的一号和二号发电机在1938年日本入侵广州前夕被拆卸烧毁，长期废置。新中国成立后，发电厂老工人王生保勇敢地接受了修复一号1.5万千瓦汽轮机的任务，和工程技术人员一起研究修机方案，经过30多天加班加点奋战，终于完成修复。而二号1.5万千瓦的发电机，定子绕组严重烧毁，一度被国内外一些专家判了“死刑”，建议另购新机。1950年，厂里组织老工人刘光和工程技术人员研究，大家决心把这台发电机修好。刘光和工作小组成员自制工具，反复试验，解决了绕组成型、焊接、绝缘层耐压等难题，终于完成绕组修复。经过修复，西村发电厂实现了两台机组正常运行发电，成为当时全国装机发电最大的四家火电厂之一[①]。

---

① 广东电网公司新闻中心：《风雨光明路（上）》，广州：南方日报出版社，2019年，第43页。

五仙门发电厂也掀起了热烈的检修工作。为了尽快让锅炉投入生产，修理锅炉的工人等不及让它凉透，停火不多久就冒着高热爬进去修理，一连24小时工作。

>> 1950年3月广州电力工人抢修被国民党飞机炸毁的供电设施

1953年，中央人民政府燃料工业部发出指示，要求各区电业管理部门进一步提高设备利用率，满足国家工业发展对于电力的要求[①]。曾志发动技术人员和工人们开展积极讨论，并达成共识，要把五仙门发电厂一直废弃的六号炉进行恢复改装。

六号炉是一个旧炉，机件残旧，因此恢复改装任务十分繁重。为了顺利完成这次任务，曾志要求五仙门发电厂党组织统一党、政、工、团的力量，紧密地结合生产计划，深入地开展群众性的宣传鼓动工作。工人们热情高涨，纷纷开动脑筋，克服各种困难。例如，烧焊组的烧焊设备缺乏一个“安全阀”，对安全工作造成影响，工人们认真研

① 《中央燃料工业部指示各电业部门加强设备检修提高检修质量》，《广州日报》1953年7月20日。

>> 1953年4月10日《广州日报》刊登电厂工人生活速写

究，自主设计了一个图样准备自行制造。工人们都表示要早日修好六号炉，支援工业用电[1]。

当时《广州日报》刊登了一组发电厂工人生活速写的漫画：汽机工场工人爱护机器，如同爱护自己一样。他们每天仔细地把机器揩擦一次，保持了机器的洁净和运转的正常[2]。这组漫画生动真实地反映了发电厂工人们对来之不易的机器设备的珍惜。

① 《电业局发电厂职工积极恢复改装废弃多年的六号炉充裕电源》，《广州日报》1954年5月16日。
② 《电厂工人生活速写》，《广州日报》1953年4月10日。

二、安全教育不放松

新中国成立后，党中央、国家电力工业部门对安全生产工作相当重视，作出系列部署和工作要求。1950年第一次全国电业工作会议就明确提出，电力工业必须保证安全生产，树立“安全第一”的思想。第二次全国电业工作会议更明确提出“消灭事故首先消灭人身事故及设备重大事故”的要求，发布了技术保安学习文件。1951年，电业管理总局、燃料工业部分别就安全检查、紧急事故处理、防止供电人员伤亡、电业技术安全工作等发布了相关指引规程。

尽管国家对安全工作三令五申，但曾志发现，西村发电厂的中心工作仍然是恢复生产、省煤节电，对“安全第一”的思想缺乏认识，安全事故频发却无人重视。1952年西村发电厂厂务会议就记录了三起时间相隔不远的事故，暴露出发电厂存在的技术管理混乱、贯彻上级有关指示不够、规程制度执行不严的问题。

在《广州电业局西村发电厂的安全生产工作》一文中，曾志对发电厂安全管理缺失的问题进行全面分析：

> 一是领导层面不重视安全教育，不对新入职员进行安全和劳动纪律教育，造成小事故频频发生。发生了事故才设法研究对策，头疼医头，脚痛医脚，完全无法事前预判，从根本上去解决安全问题。二是工人安全意识十分薄弱，对于安全生产缺乏信心，认为使用保安设备很麻烦，过去几十年来从来不用，也没有了不起的大事故。工人平时劳动纪律松懈，开会迟到、上班打瞌

睡、未下班就跑去洗澡的现象比比皆是。三是在国家利益和个人利益发生冲突时，只关心自身利益，如没有把安全防护皮鞋、雨衣雨鞋等劳动保护用品作为特定岗位必要防护工具，而是看作福利待遇，认为他人有我必须也要有。发生事故，不追溯事故的根源，反而互相推诿事故责任。担心的只是“奖金没有了”“家庭生活费减少了”“多少斤腊肠不见了”“肥鸡飞了”等。四是操作上不规范、验收工作不严格、设备材料供应不合质量规格，既影响设备安全，又妨碍着人身健康，同时又增加着煤耗。

深入了解西村发电厂的情况后，曾志把安全生产当作头等大事来抓。她带领干部职工加强安全学习，认真学习第一次、第二次全国电业工作会议精神，要求党、政、工、团领导率先认识到安全生产的重要性，明确对安全生产的认识，把安全生产作为中心任务和基本方针。

发电厂每天早晨有一个半小时学习时间，党委要求干部职工把绝大部分时间放在安全生产有关文件的学习教育上面，从实际出发进行检查，开展批评与自我批评，提出加强安全生产的合理化建议。经过学习、检查和检讨，工人基本上掌握了规程具体内容，在安全工作上能够逐渐地开展互相督促互相检查。

高度重视工人生命安全的曾志，向老工人和技术员请教事故发生的原因，组织有关人员以事故的事实进行安全检查，找出对策，明确责任。比较典型的事故，则由管理委员会向全体职工作报告，组织讨论，要求职工进一步发现类似的问题，提出解决方法。

她还要求大张旗鼓地进行宣传教育，定期进行安全测验考试。发电厂

>> 广州电业局职工检修各种变压器速写

将过去所发生的典型事故的原因和损失，通过大字报、事故展览会、广播、漫画、歌曲、戏剧等形式加以宣传，以加强对事故损失的认识，树立安全思想。漫画张贴着真人真事，活报剧[①]也演着真人真事，用最直观的方式演绎事故造成的种种严重后果。此外还用数字和图片为工人们算经济账，计算发生事故对国家、社会以及自己造成的损失。如某次事故的损失，可供士敏土厂[②]生产多少吨水泥，供纺织厂织多少匹布，这些布可供全厂职工穿多少年，以及人身事故对于工人自身所造成的悲痛的结果。这种办法对职工教育意义很大，职工获得了更多处理事故的办法。通过测验与考试，职工巩固了安全知识，提高了技术，深刻体会到“事故是最大的

① 以应时性、时事性为特征的戏剧类型。这类剧目能及时反映时事以达到宣传的目的，就像“活的报纸”。中国从20世纪20年代开始出现活报剧演出，在战争时期更为流行。演出时，常常把人物漫画化，并插有宣传性的议论。活报剧多在街头、广场演出，也可在剧场演出。

② 广东士敏土（即水泥）厂，是中国近代第二家士敏土生产企业，也是当时中国南方产量和规模最大的士敏土厂。

>> 1953年10月广州市工厂及建筑搬运业安全卫生展览会上展示的电力工人高压操作安全装备

浪费”[①]。

此外，党委还组织西村发电厂负责技术安全方面的同志走出去，参观其他兄弟厂的安全设施，学习其他厂先进经验，回来以后改进安全措施。

通过学习教育，当时西村发电厂从党、政、工、团领导到每一个职工群众甚至职工家属，对安全运转都很关心和重视。新中国成立前，电力外线工人严重缺乏安全意识，登杆操作时往往不使用安全带，这样容易发生事故。有些工人在电杆下工作不戴安全帽，会被杆上掉下来的东西（如铁锤等）砸伤脑袋。经过不断教育和提醒，指出这样做的危险性之后，大家都能使用安全带和安全帽来进行外线工作了。领导干部还经常到工地去检

① 广州电业局：《1953年上半年工作总结》。

查生产安全工作，对执行到位的工人予以表扬，不到位的给予批评[1]。

工人们安全意识显著提高，意识到安全能搞好生产和工作，可以降低成本，也只有安全，才能搞好生活福利。当时，发电厂流传着一件趣事：有一次，面对工厂大门的安全运转纪录牌有两块被大风吹到地上，家属们一进门看不见这两块纪录牌，以为发生了重大事故，就急得跳起来。由此可见，通过推动，安全工作在发电厂成了全体职工日常生活中不可分割的一部分，是职工们日常最关心的问题[2]。

不仅如此，这种安全思想还延伸到方方面面。比如当时广州电业局的汽车也长期保持安全行车的良好纪录。曾志带领党委提出“认真学习、钻研技术、重视小事故、消灭大事故”的口号，积极组织对交通安全规则、行车规则、机械常识等的学习，吸取事故经验教训，严厉批评了超速、超车等忽视安全的错误[3]。

三、建立健全规程制度

新中国成立前，广州电力安全生产制度不健全、生产人员职责不明确等系列问题就长期存在。当时既没有安全规程，又没有操作票管理和监护制度。工人每天检修或工程施工，由配电股工程师派工。高空作业的唯一安全措施是挂腰绳。供电的运行方式、发出拉合闸命令，由总工程师领导

---

① 《积极进行生产安全教育》，《广州日报》1953年8月17日。

② 曾志：《广州电业局西村发电厂的安全生产工作》，《广州日报》1953年7月22日。

③ 《重视行车安全教育》，《广州日报》1953年5月6日。

>> 西村发电厂工人劳动状态的宣传画

下的一组人负责，变电值班人员接受命令后仅凭个人经验操作，并负责站内抄表和拉合闸、事故掉闸的记录。各发电所由发电厂发电科指挥，发电所没有运行和检修规程，机、炉、电、化设备的运行和检修，同样由工人凭经验操作[①]，造成安全事故频发。这些多年陋习使有些工人对于安全生产缺乏信心，对事故不重视，认为事故的发生与否全靠运气，非人力可挽回。

① 广东省地方史志编撰委员会：《广东省志·电力工业志》，广州：广东人民出版社，1998年。

新中国成立后，国家组织完善电业生产安全生产管理制度。1951年，燃料工业部颁发《电业安全工作规程》。从1953年起，国内电力行业开始引入苏联的《电力工业技术管理法规》和《电业安全工作规程》等各种典型规程、服务规程以及其他安全技术规程等。鉴于当时人身伤亡事故严重，燃料工业部于1953年3月，由陈郁部长签字，向全国电业部门发布了燃料工业部（53）燃监字第1684号命令，要求从组织措施和技术措施上坚决消灭人身死亡和重伤事故。

西村发电厂原本已初步修编了现场操作规程，为了承接贯彻燃料工业部的各项安全规程，曾志和大家商量，认为发电厂现行的规程制度，多承继新中国成立前的编制，已不能适应当下的需要，有必要结合广州电业局生产工作实际，进一步对规程制度进行完善[①]。

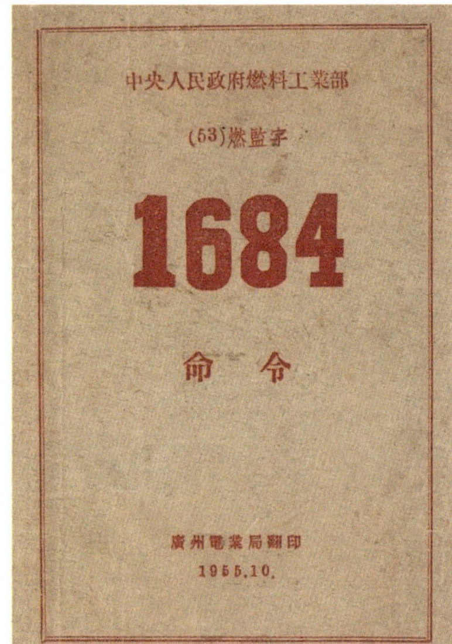

>> 中央人民政府燃料工业部（53）燃监字第1684号命令

发电厂工人在新中国成立前工种单一，全部从事维持发电的工作，未进行专业细分。曾志在全厂组织了“机、炉、电、化”四个专项规程修订小组。按照4人一组的分配原

① 广东电网公司新闻中心：《风雨光明路（上）》，广州：南方日报出版社，2019年，第43页。

则，组织了一支16人的修编队伍。对规程制度的修编，曾志非常重视向其他工业门类学习借鉴先进经验，她利用担任中南工业部副部长的便利条件，从其他行业找到了大量的参考资料。据颜鸣鹤回忆，她带来了很多其他发电厂的资料和规程模板，经常和各个小组成员讨论如何做好修编，了解进度情况。

在曾志的关心和大家的群力献策之下，西村发电厂仅用约半年时间就完成了工场规程以及班组长条例等制度的编制，为西村发电厂夯实了管理基础。

除此之外，在以曾志为首的党委班子主持下，广州电业局还开展了一系列建章立制的工作：将发电厂原有的值班规则重新修正补充，使其能适应实际需要。同时又改变以前口头交接的做法，定出交接班卡片制，分清班与班之间的责任[①]，以免出现以往出了事故互相推诿的情况[②]。重点推行科学巡回检查制，在勤走、勤看、勤检查的“三勤”基础上，根据不同情况分为“十五分钟”“半点钟”“一点钟”巡回检查，发现隐形事故并加以消灭，避免了事故发生。推行工作票制，检修运转责任分明，工作内容明确，有时间，有内容，有负责人签名，便于事后检查，同时保证安全质量。改进安全组织设备，增添安全与劳动保护设施，初步制定检修质量标准和验收制度，进行电气设备预防性试验，使设备基础有了很大改进。陆续建立起来的还有车间通行规程、操作票

① 广东电网公司新闻中心：《风雨光明路（上）》，广州：南方日报出版社，2019年，第43页。

② 广州市人民政府电业管理处：《广州市人民政府电业管理处解放以来企业情况》，1951年8月。

制、安全运转记录制、分工专责制度、定期检查制度和定期检修制度、事故报告及保安月报制度等等[①]。自此，广州电业局逐步建立起一套安全生产体系。

建立健全规程后，考虑到工人文化程度不高，对洋洋数百条安全工作规程内容无从入手的情况，曾志便采取全面学习，分段贯彻的办法。针对事故情况，要求每个部门每星期提出2—3条改进措施，循序渐进，使职工充分了解其意义，从而减少职工思想抵触，让各项规程成为职工日常生产工作的行为准则。

为加强职工对规程的重视程度，曾志还要求组织保安规程和技术法规的考试。通过考试，一方面全面掌握职工技术水平及存在问题，有针对性地对职工进行技术教育；另一方面，使部分职工的自满情绪得到了纠正。职工们还结合制度，在工作方法上进行了改进。例如工人们将发电厂全部机器设备进行编号，给各种设备漆上不同颜色的标志，便于管理，加强了生产日志的记录，并更加重视了工作环境卫生。这些都对消灭事故和延长设备寿命、减少损失、保证安全生产等，起到了极大的帮助[②]。

四、奠定安全生产局面

安全工作是长期的、经常的、细致的工作，必须要有专责的安全机

---

① 广州电业局：《西村发电厂安全运转300天总结》。

② 《热烈展开四月份安全无事故竞赛》，《广州日报》1954年4月9日。

构监督。广州电业局在1951年设立的技术安全监察股的基础上，设立了不脱产的保安员，专门担任工场小组安全事务。安全工作做到事前加强预防，事故发生后进行监察，研究分析原因和责任，提出对策和办法。

发电厂出了事故无人负责、劳动纪律松弛等情况时有发生。为了强化劳动纪律，曾志组织全体干部召开动员会，态度严厉："这些是改进生产、降低成本、保障安全生产的障碍，是生产组织、管理制度上最大的关键问题。"[①]她要求对于这些问题，必须通过劳动纪律教育工作，发动全体职工进行检查，针对性建立分工负责制，以明确职责、划清范围。

在消除设备漏洞方面，曾志带领全体职工共同努力，并与技术人员相结合，改进安全组织设备，在锅炉、汽机、电气设备方面都采取了不少改善措施。

为合理安排工人工作时间，曾志调整劳动组织，在机、炉、电运转值班工人中推行四班制。工人每工作六天便休息一天，工作十二天有一整天的学习时间，确保每个工人都有适当时间休息。她还改善值班宿舍条件，添置宿舍的用品，上下班交通车也尽量给工人们方便，使工人工作以后休息充分，消除疲劳，身心愉快，工作效率大大提高，操作中减少了失误。曾志同时鼓励发电厂与兄弟厂之间开展安全竞赛，并在内部开展反小事故竞赛。各生产小组根据各自的规程开展安全竞赛，大大增强了反事故斗争的力量，也使安全运转、生产质量和劳动纪律得到加强。

1953年底，曾志署名发布了关于执行《中南电业管理局发供电无事

① 《广州电业局及所属发电厂展开了劳动纪律教育工作》，《广州日报》1953年8月22日。

>> 安全大检查——工人检查锅炉情形

故奖励条例》的布告。条例开篇就明确指出："为鼓励职工在安全发供电中，发挥积极性、创造性，进一步消灭事故，提高检修质量，以达到保证安全地、不间断地发供电的目的，特制订本条例。"奖励条例的制定更大地激发了干部职工搞好安全生产的热情和积极性。大家不但克服了过去"不出事故没奖励，出了事故责任大"的看法，更进一步体会到反事故斗争中国家利益与个人利益的一致性，所以情绪更是高涨[1]。西村发电厂汽机工场关永昌小组及电气工场梁万小组就在1954年分别创造了

① 广州电业局：《西村发电厂安全运转300天总结》。

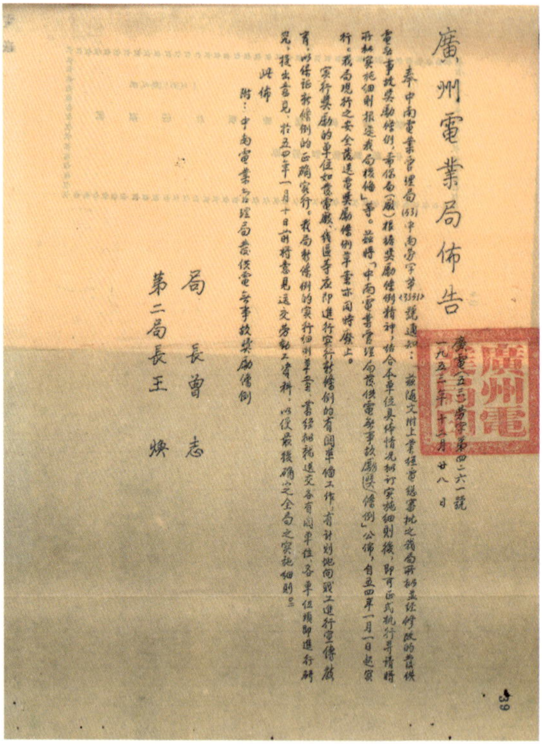
廣州電業局佈告

廣電(五三)勞字第四二六一號
一九五三年十二月廿八日

奉中南電業管理局(53)中南勞字第(3331)號通知："茲隨文附上業經電總審批之我局所擬並經修改的發供電無事故獎勵條例，希你局(廠)根據獎勵條例精神，結合本單位具體情況擬訂實施細則後，即可正式執行并請將所擬實施細則報送我局核備"等。茲將「中南電業管理局發供電無事故獎勵條例」公佈，自五四年一月一日起實行。我局現行之安全發送電獎勵條例草案亦同時廢止。

實行獎勵的單位如發電廠、線區等應即進行宣傳新條例的有關準備工作，有計劃地向職工進行宣傳教育，以保證新條例的正確實行。我局對條例的實行細則草案，業經擬就送交各有關單位，各單位須即進行研究，提出意見，於五四年一月十日前將意見送交勞動工資科，以便最後確定全局之實施細則呈

此佈

附：中南電業管理局發供電無事故獎勵條例

局長 曾志
第二局長 王煥

>> 1953年12月28日广州电业局布告发布《中南电业管理局发供电无事故奖励条例》

1393天及1059天的安全运转纪录，获得中南电业管理局及中国电业工会中南工作委员会的红旗和物质奖励[①]。

这一时期，《广州日报》发表了大量关于广州电业局安全生产的报道文章，可以看出当时曾志对安全生产工作的重视。在她和全体干部职工的共同努力下，1953年中，广州电业局创下了有史以来安全生产的最高纪录，实现连续400天安全运转。广州电业局的安全生产工作逐步走向稳定。

曾志总结这段时间的安全生产工作经验，如强调“安全第一”的思想，建立安全专责机构、实施工作票和操作票等八大安全生产管理的重要举措，撰写成《广州电业局西村发电厂的安全生产工作》一文，发表在1953年7月22日的《广州日报》上，将安全生产的经验做法和思想理念更

① 《创造了长期安全运转纪录获得奖励》，《南方日报》1954年12月1日。

加广泛地推广和宣传出去。其中像“两票”制度、安全生产奖励制度等举措，一直延续至今。

第三章 革故鼎新促生产

2019年向外界开放的广州电力展示馆是由广州电力系统早期办公场所——华安楼改造而成的，曾志担任广州电业局党委书记、局长期间的办公室就设在华安楼五楼。作为利用历史建筑进行活化改造的电力综合展示馆，华安楼展出了各个时期电力相关的影像和物品，立体呈现了百年电力助力千年商都、点亮万家灯火的动人华章。

展品中有一张抗美援朝时期的电费单引人注目。除了户主费用等信息，电费单上还印有“厉行增产节约，全力抗美援朝”口号。20世纪50年代初期，新中国成立后经济迅速发展，生活用电紧缺，为缓解用电压力，广州电业局通过开展劳动竞赛，推动增产节约，落实计划生产，推广先进经验，加强人才培养，输送优秀人才帮助电力建设，强大国家经济。

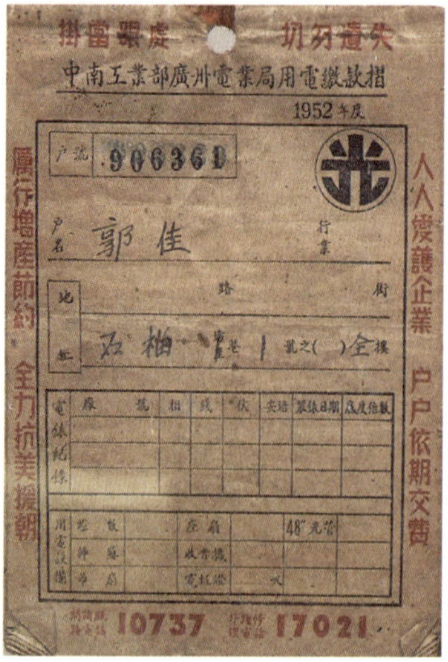

>> 抗美援朝时期的电费单

一、开展劳动竞赛，促进增产节约

1951年10月，党中央、毛主席先后发出增产节约的号召，发端于东北劳动竞赛运动的增产节约运动在全国各条战线蓬勃开展起来。在广州，企业中掀起了增产节约的热潮。

虽然广州电业局也积极响应，但到电厂办公的曾志很快发现，电厂领导干部对增产节约运动的理解过于简单片面，以为一声令下，全体热火朝天干活就是开展运动。党团员和积极分子对增产节约、生产改革的认识也很模糊，不能理解其中的作用和意义。要竞赛，赛什么？不明确。运动开展轰轰烈烈，但没有什么实际成效。

面对这种情况，纠正领导干部简单化的思想是首先要做的事情。曾志带领领导干部一起深入车间，在党团员、积极分子和广大群众中层层动员，反复说明增产节约、生产改革运动的意义、内容和步骤，使职工从思想上明确，形成全厂群众性制订计划的氛围。工程师、技术员等全部投入车间，和工人打成一片。

曾志选取在生产上占主要地位的锅炉车间为突破口。首先制订锅炉车间全面的具体计划。计划制订后便召开全厂动员会议。各车间再按照车间工种，分别订出各自的计划。

为了推行增产节约计划，曾志要求，工会面向生产，团组织则在团员及青年工人中展开宣传鼓动工作[①]。各车间同时又成立了宣传小组，运用黑板报、漫画、广播等方式，开展宣传工作。

① 《广州电业局开展增产节约生产改革运动》，《广州日报》1952年12月4日。

>> 王生保与工人讨论增产节约计划

在“增加生产，厉行节约，以支持中国人民志愿军”的号召下，广州电业局职工自愿放弃部分津贴。西村发电厂老工人、全国劳动模范王生保把修复一号汽轮机所得的奖金全部捐出用来支援抗美援朝。广州各工厂企业积极响应加强抗美援朝、努力建设祖国的号召，劳动模范、先进生产小组和先进工作者们纷纷写信给抗美援朝志愿军，报告生产情况和今后生产计划，保证不断改进技术，提高产品质量，为国家创造大量财富，来支持人民志愿军。王生保就先后收到人民志愿军何锡潜同志和张义其同志从朝鲜前线寄回来的信，这极大地鼓舞了西村发电厂正在火热开展增产节约运动的工人们。

电厂修配车间工人在增产节约运动中，利用废旧材料减少国家资金的浪费积压，为国家节约了近十亿元[①]。他们还为增产节约竞赛而创作了一首诗歌：

灯光照亮修配间，马达隆隆地响，铁屑到处飞扬，车床不停地旋转；工人大佬情绪高涨，“加一把力吧，工人！”为了赶制修炉配件，怎能放过一刻时光！紧密配合大修炉，日夜接班不停留，工场主任和组长，亲自带头齐动手，不怕配件堆如山，不怕汗珠似水流；为了降低煤耗，节约财富，为了安全运转，保证质量，我们高喊着：“加油！加油！”我们是生产战线上的英雄，我们为开展增产节约而战斗！[②]

这首歌充满激情，又很精辟地阐释了曾志带领电业局开展增产节约竞赛取得成功的原因。一是明确增产节约运动的意义是增产量、保质量和降成本三者相结合；二是领导干部要深入生产一线，重视对党、政、工、团的思想发动；三是深入车间转变职工群众思想，带动全体通过劳动竞赛去提高质量，降低成本，超额完成国家计划。

1953年是我国第一个五年计划的第一年，这为广州电业局的业务发展创造了有利条件。同时，为了增强反事故斗争的力量，巩固安全运转，提高生

① 《广州电业局修配厂职工节约原材料九亿多元》，《广州日报》1954年12月13日。
② 《战斗着的修配车间》，《广州日报》1953年11月30日。

>> 在增产节约战线上——看！锅炉煤耗又减低了

产质量，加强劳动纪律，特别是学习东北先进电厂“内部安全无事故竞赛”和五三工厂[①]工作经验，曾志抓住契机，带领全体职工开展劳动竞赛。

1953年5月的一个晚上，广州电业局的大礼堂灯火通明，来自广州电业局和武汉冶电业局两个单位的工人代表齐聚一堂，举行广州电业局线路工

① 沈阳五三工厂是国内建厂较早的军工企业，20世纪50年代初期，该厂围绕搞好生产这一中心任务，创造了紧紧依靠工人阶级、加强党的领导、实行厂长负责制与民主管理相结合、政治工作与经济工作相结合的工作方法，使管理水平和生产效率不断提高，出现了逐月、逐季、逐年完成或提前完成国家计划的好势头，走出了一条工人阶级掌握政权后管理工厂的新路子。1952年12月24日，政务院财政经济委员会和中华全国总工会联合作出决定，授予该厂“模范工厂”称号，五三工厂是至今全国唯一获此殊荣的企业，也成为当时全国工业企业的一面旗帜。

区职工与武汉冶电业局的线路工区区际“线路工区爱国主义安全供电劳动竞赛”合同签订仪式[1]。竞赛的要求是：消灭人身死亡事故及设备严重事故；不发生人身重伤事故；设备重要事故要比定额（指事故定额）降低；减少人身轻伤事故。与武汉工区签订竞赛合同的同时，广州线路工区各分区也在这个大会上签订竞赛合同，工人们都纷纷表示有决心有信心来消灭事故，为争取完成和超额完成国家生产任务而奋斗[2]。

增产节约劳动竞赛中表现突出的工人不仅受到了组织上的奖励，更受到了大家的爱戴和尊敬。发电厂冷作组专门出了一期“人人尊敬的优秀工作者”的黑板报，上面写着：“我们应该向他们致敬并向他们的模范行为看齐，向他们学习先进的工作方法，做到人人都能获得优秀工作者的称号”[3]。

在增产节约运动的影响下，全社会还树立起了节约用电、节省材料的思想意识。群众自主地开展监督，积极纠正浪费电力的行为。广州电业局也在全市工业用电户中推行合理节约用电工作，派出人员协助各厂开展测试，找出浪费电力的原因和提出节约的方法。如对各厂多余用电设备容量进行检查，挖掘潜力，改变大马达和大变压器小用的现象；检查机器设备情况，做好加油、清洁工作，建立定期维护检修制度，并消灭空转浪费现象；对各厂用电情况进行指导，改进生产技术。1953年全市国营、地方国营、公私合营16间工厂共节约了工业用电390多万千瓦时。

---

① 广州电业局：《西村发电厂工会组织劳动竞赛的工作检查总结（修改稿）》。

② 《广州电业局、武汉冶电业局两线路工区职工展开爱国主义安全供电劳动竞赛》，《广州日报》1953年6月1日。

③ 《工会举行颁奖大会》，《广州日报》1953年12月12日。

>> 在增产节约战线上——锅炉大检修

由于成绩突出，1953年10月29日，在中共广州市委工业部召集各工厂企业党、行政、工会、青年团主要负责干部的会议上，曾志作为代表介绍措施经验。广州电业局成为各工厂推广开展增产节约劳动竞赛的模范和榜样[1]。

同年，广州电业局发电厂与武汉第一发电厂、南昌电厂、湘中第三发电厂开展了增产节约厂际竞赛。在竞赛的公约中，明确要保证有充足的、

① 《总结增产节约运动情况》，《广州日报》1953年10月30日。

源源不断的电力供给各厂矿用户，特别是国营的大工业用户，以便更好地完成国家生产计划。竞赛的内容以安全为主，要求做到消灭严重事故、重伤事故及停止对大工业用户供电的事故，同时要争取不发生轻伤事故及一般性重要事故，减少普通事故。

同一时间，广州电业局发电厂的工人也开展了紧张的内部修炉竞赛[①]。这些竞赛主要是通过定期检查计划进度、质量标准、安全工作情况和各项经济技术指标完成情况等来进行，并通过评比、小组总结、验收鉴定来交流经验，互相学习。工人们竞赛情绪高涨，都表示要以最大的努力来争取竞赛优胜的流动红旗[②]。

新中国初期开展的增产节约运动，对于国家经济恢复和财政状况的好转、国际地位的提升、党员干部纪律的整肃以及社会风气的转变，都有着重要意义。同时，增产节约运动也有力地支援了抗美援朝[③]。

二、推广先进经验，推进生产改革

“合理化建议大大地改善了发电厂的工作，为国家创造了1000多亿元财富，相当于建立一座新型发电厂的价值。”1953年5月广州电业局举办的“先进经验交流展览大会”闭幕式上，曾志饱含激情地说。

这个成绩来之不易。自曾志推动广州电业局进行增产节约、生产改革

① 《广州电业局发电厂与武汉第一发电厂等开增产节约厂际竞赛》，《南方日报》1953年11月30日。

② 《热烈展开四月份安全无事故竞赛》，《广州日报》1954年4月9日。

③ 《新中国初期怎样开展增产节约运动》，《广州日报》2019年10月29日。

以来，她深刻认识到，推广先进经验是完成甚至超额完成国家生产计划的关键，是生产改革中的主要内容之一。在大会小会上，她都坚定表达同一个观点："我们生产过程中有了困难，就靠推广先进经验来解决。"

但新中国成立前，广州电业局都是依靠工人自己的经验开展工作的。新中国成立后，进行生产改革运动，推广先进经验时，受到部分工人的抵触。他们认为原来的做法既然没有问题，就不需要所谓先进经验。还有的甚至认为推行先进经验就是在添乱。

这是一个先进与保守、新思想与旧思想斗争的过程。为了提高信心，除做通部分工人的思想工作外，曾志带头亲自深入车间，针对生产关键问题，选择价值大、能推广的先进经验加以组织推广。

根据发电厂的生产特点，发电成本比重最大的，就是煤的消耗，占70%。厂内发现了降低煤耗的关键，就是解决锅炉的积灰问题。锅炉积了灰，就会降低通风和吸热的效能，因此，烧煤也就要增多。过去吹灰的设备，是利用蒸汽吹灰，效力小。锅炉检修后十多天，因积灰多了又要停下来检修。这样不但多耗了煤，还影响了安全运转。发电厂过去集合工人经验、尝试各种方法，但效果终不能满足要求，1952年甚至没有完成冬季煤耗任务。

针对这一问题，工程师孙百城积极向外界寻求先进技术。在《人民电业》杂志上看到介绍苏联使用"锅炉污水吹灰器"的先进经验后，他找技术人员和工人一齐细心研究，借鉴苏联的先进经验提出污水吹灰法。在曾志的大力支持下，厂长、工会主席亲自试验。这种先进的"锅炉污水吹灰器"试验成功后，不但气温提高达到了标准，而且锅炉

>> 孙百城正在设计图样

通风良好[①]，使煤耗由0.67千克/千瓦时降至0.58千克/千瓦时，为国家节省了财富，保证了生产任务的完成[②]。事实让工人们心服口服，大家充满热情，投身推广先进生产经验的运动。

除了选择重点环节改革，广州电业局还选择条件较好的车间小组重点培养，再推广应用到其他车间小组。比如推行科学巡回检查法，就是选择党员和积极分子人数多、觉悟高的汽机工场关永昌小组为实验重点[③]。结合汽机工场工作的具体需要，电厂工人们还重点地学习了郭瓦廖夫工作法、组合安装法、预装配和快速检修法等等，不断地改进工作方法，提高生产

① 《改进锅炉吹灰器获得成功》，《广州日报》1953年1月24日。
② 《广州电业局发电厂怎样推广先进经验》，《广州日报》1953年7月4日。
③ 《广州电业局发电厂怎样推广先进经验》，《广州日报》1953年7月4日。

>> 广州电业局工人在炉前进行污水吹灰的情形

效率[①]。

通过这些先进经验的推广，广州电业局提高了劳动生产率，完成了生产指标，节约了国家财富，促进了经营管理制度的改进，提高了领导与职工的思想水平，重视了合理化建议工作[②]。工人们兴高采烈地说："学好苏联先进经验，就是具体贯彻了增产节约的精神。"[③]

1953年2月10日的《广州日报》头版刊出了一封报喜信。信是广州电业局发电厂全体职工写给毛主席的，他们在信中说"我们胜利地完成了安装一部新机的重大任务"，同时保证"绝不自满"。他们说："我们懂得现在祖国正进入伟大的经济建设时期，要祖国工业化，还要我们找很多的窍

① 《学习和推广苏联先进经验提高生产效率》，《广州日报》1953年11月9日。
② 《广州电业局发电厂怎样推广先进经验》，《广州日报》1953年7月4日。
③ 《学习和推广苏联先进经验提高生产效率》，《广州日报》1953年11月9日。

门，提更多的合理化建议，学习苏联老大哥更多的先进经验，因此我们决心再提高我们的技术，在生产竞赛中，超额完成我们的春季生产计划。”[①]

这个故事要从1952年的冬天曾志刚来到电厂的时候说起。那年冬天，为了解决工业用电日益增多的问题，西村发电厂决定在旧一号西门子机的底脚上安装一副新的透平发电机[②]。这个本来在1950年春天就要进行的工程，原是打算包给上海某外资公司安装的，因该公司提出安装时间要四个半月，工程费用2亿元等原因而搁置[③]。1952年11月29日召开的厂务会议针对这个安装任务进行了专门的探讨，曾志列席会议并拍板决定，为了缩短安装时间，保证工业用电及安全供电，并为国家节省安装费，发电厂自己安装[④]。

安装工程困难重重。因为新的透平发电机没有完整的安装图样，还缺少重要配件，加上要把这副机器安装在旧机的底脚上，许多繁杂细微的工作大家都没有经验[⑤]。曾志相信工人阶级的集体智慧和学习能力，在厂务会议上提出在工作中要“想办法学好先进经验”[⑥]，启发了挑担子的带头人王生保。

王生保与工程师从工作方法到每一具体的施工细节都作了通盘的筹

---

① 《电厂全体职工给毛主席的报喜信》，《广州日报》1953年2月10日。
② 《工人阶级的先进旗帜——记特级劳动模范王生保》，《广州日报》1954年2月25日。
③ 《广州电业局发电厂安装新透平发电机成功》，《南方日报》1953年2月10日。
④ 广州电业局：《西村发电厂厂务会议记录》，1952年11月29日。
⑤ 《工人阶级的先进旗帜——记特级劳动模范王生保》，《广州日报》1954年2月25日。
⑥ 广州电业局：《西村发电厂厂务会议记录》，1952年11月7日。

>> 王生保（左二）在车间指导生产

划。大家都开动脑筋，改进工作方法，配合流畅。同时，王生保大胆使用了苏联先进经验的组合安装法，使得这一安装工程只用了54个工作日，提前8天胜利完成安装任务。试机结果震动率仅为千分之五毫米，超出了预计的标准（一般发电机的震动率百分之三毫米即合标准），甚至达到了最高标准[①]，工程费用只需要6000万元，大大降低了成本。曾志一直关注透平发电机的安装进程，不时给予王生保支持和鼓励。她还出席1953年2月7日的

① 《广州电业局发电厂安装新透平发电机成功》，《南方日报》1953年2月10日。

庆功大会，并向工人们讲话，对工人们的成功表示了热烈的祝贺。

先进经验推广带来的生产新变化，让技术革新热潮在当时的广州电业局蔚然成风。如1952年冬天，广州电业局西村发电厂一号锅炉检修的现场，工人们提出用蒸汽焗节煤器，并采用锯齿形的除炭工具彻底清理了锅炉的积灰，使得蒸汽温度平均提高30℃—40℃，燃烧效率也比以前有所提高，为开展劳动竞赛节省煤耗打下基础[①]。同年，广州电业局由珠江北岸经海珠桥向南岸铺设了一条约2公里长的地下电缆。通过优化工作程序，工作效率比原先提高了三分之二。原定38个工作日完成，实际以18个工作日完成任务，使成本减低[②]。

职工创新方面，也涌现了许多案例。工人程炳焜在车电线夹头时，把车刀架改成了“风车式”，工作效率提高了一倍。工人冯炳邦在钻角铁横担孔时，创制了一套定位工具，减少了划线的人工，每天可节省两个人的劳动力。电气工场刘光小组在修发电机转子时，改变了工作方法，进行了详细的检查，把以前大家认为要拆换内部线圈才能用的转子，进行改造，节省人工和材料费约1亿多元。工人们还积极制作代用品，不再靠国外输入器材。电表股工人黄霖耀靠自主研究，自制了13200伏的变流互感器。学徒们也在自己岗位上动脑筋，找窍门。吴福昌、梁全两人改进了清洗瑞士机叶的工具和工作法，由每天洗三四级增到十九级，效率提高了五倍。学徒杨敬贤，利用软喉管真空的作用去取变流器里的油，工作效率提高了四倍多[③]。这些事例增加了工人们的工作热情，证明了“只要动脑筋，随处有窍

---

① 《西村发电厂提前完成修建一号锅炉工程》，《广州日报》1952年12月25日。
② 广州电业局：《三年来电业工作情况》，1952年9月18日。
③ 《广州电业局工人积极创制代用品》，《广州日报》1953年8月16日。

>> 广州电业局工人积极创制代用品

门”这句话的正确[1]。1951年至1953年三年间，广州电业局职工提出大小合理化建议达770多件，许多建议被运用到实际工作中。

曾志对于职工们的技术革新，十分支持和鼓励，觉得做好推广先进经验的工作，不仅要重视苏联和东北、华北各地的先进经验，还要重视本区、本厂的经验[2]。为了更好地发动全体职工推广先进经验，1953年5月，她指导广州电业局领导干部和全体职工在广州市工人文化宫举办了一场别开生面的“先进经验交流展览大会”，并特地为开幕式主持了剪彩仪式。

这次展览会持续八天，展出的东西包括职工们在生产技术及经营管理方面的合理化建议250件，分成了“生产技术”“经营管理”“发电系

① 《电厂工人生活速写》，《广州日报》1953年4月13日。
② 《广州电业局举办先进经验交流展览会》，《南方日报》1953年5月12日。

统”“减低煤耗”“降低厂用量”“废线翻新”“供电系统”“业务系统”八个室陈列，根据具体情况，分别用表演、实物、图片、文字说明等方式予以介绍，充分显示了工人阶级的创造智慧。所有这些都给了参观者极大的鼓舞，8天当中参观人数达5000多人次。

展览会的举办进一步鼓舞了职工对技术革新的热情。1953年7月，广州电业局组织开展大检修工程，而厂长、技术员和工人们自6月底就开始积极进行大修的各项准备工作。

这次大检修工程比过去任何一个时期的锅炉检修都更为复杂和艰巨，单检修的工程项目便有95项，其中需要彻底更换高压炉管280根。像这样大规模更换炉管的工程，还是建厂以来的第一次，大家都觉得要在短短25天内完成任务没有把握，工场领导对此也表现得信心不强。曾志了解了工人的畏难心理后，通过工会发动职工开动脑筋、想办法，多提合理化建议来

>> 广州电业局接受职工合理化建议，进行废电线翻新工作

保证完成这一任务。在工会发动下，职工们在制作作业计划过程中边讨论边提出建议。在短短的时间内，职工提出主要的合理化建议16条，有12条都是围绕着解决更换280根高压炉管的关键问题。如副厂长王生保，建议改用电焊割炉管，工作效率提高了四倍以上。党员李珠建议在扩管器上去掉扳手，加装锅杆锅牙一套，节约人力。起重组工人梁林提出改进安装炉管方法，加装滑车来安装炉管，使每天只能装36根炉管增加到45根。工人们的这些建议，确保了更换炉管任务的完成，单在换管工程方面即可节省130个工时。

其他工程如换炉排方面，工人吴庆祥、高兴松二人，提出了校正牙轮方法，并建议炉排主轴不调换、牙轮缺口用烧焊填补，大大提高了工作效率。工会副主席沈亚英也建议推广用风钻系木夹砂布来擦管口的工作方法，使工作效率提高一倍。最终，职工仅用短短的25天就按时完成这个艰巨的检修任务。

同年11月份检修二号机、炉期间，工人们又以降低煤耗作出技术革新。工程师伍卓富与技术员黄炯麟深入车间与工人研究，推广了薄煤层燃烧的先进方法，创造了全月平均千瓦时电耗煤0.561千克的最低纪录。钳工何兆祯在做风道头尾挡板时，开动脑筋，用电焊把铁片连接起来，节省3平方米×0.66厘米厚的铁板，价值182万元。在清洗节炭器时，工人们吸收上次检修的经验，提出专人专责，横通后再由上而下一格格地通，大大提高了清洗节炭器的工程质量，还节省了时间①。

在曾志的有力领导和积极推动下，从20世纪50年代中期开始，广州供

① 《检修一号锅炉胜利竣工》，《广州日报》1953年11月20日。

电系统的技术革新活动从无到有，规模从小到大，逐步朝着有领导、有组织、有计划的方向发展，对减轻劳动强度、提高劳动生产率和供电可靠性以及安全生产起了促进作用。

三、重视文化教育，提高工人地位

“她（曾志）都鼓励职工一定要多学习文化，要提高文化水平。”已经80多岁的张向华老人回忆起曾志，遐思连绵。

作为曾志的通讯勤务员，张向华从15岁就跟着曾志。曾志为她取名叫“向华”，寓意“心向中华”。谈到曾志在广州电力的日子，张向华印象最深的就是曾志对工人学习的鼓励：“小鬼啊，你要念书，多点念书。我是很听她的话，我努力学习。我很听她的教导，要好好学文化。”[①]

新中国成立前，发电厂的职工文化技术水平有限，广州西村、五仙门发电所职工中的文盲占80%以上。曾志想到在旧社会工人失去受教育的权利，受尽了没文化的苦，便决心带动工人学习文化知识，为电力工业发展培养人才。

当时全国的教育已有了改革和发展，所有高等学校、中等技术学校、师范学校、工农速成中学的学生生活费用，均由国家供给，中学生中得到助学金的人数也已扩大。这就使得工人和农民的子女也有享受中等的和高等的教育的机会[②]。在广州，工农业余教育也有了空前发展。新中国成立

① 广州供电局：《张向华采访实录》，2021年4月29日。
② 《三年来我国工业的恢复与发展》，《南方日报》1952年10月1日。

前，全市仅有16间民众夜校，学生寥寥无几。新中国成立后，1950年工农业余学校有131间，学生14522人。到1952年，工农业余学校增加到317间，学生达82278人；另有民众学校80间，学生11273人。广州市文教局还进行速成识字法的试点工作，以帮助劳动人民迅速学习文化[①]。这为广州电力工人开展学习创造了有利条件。

曾志任职期间，发电厂把星期六下午设为扫盲日，采取职工互教互学、班组包干、教员下班组跟班教学等形式推广速成识字[②]。又按不同文化程度，分班学习语文及数理化知识。工人们学习劲头十足，如饥似渴地学，连饭也顾不上吃，有的甚至顾不上孩子，下了班就往夜校跑，全局形成了学文化、学知识的浓厚氛围[③]。

除了鼓励大家学习，曾志还要求讲究学习的方法，多渠道培养技术工人，培养一支政治觉悟、技术理论与实践能力兼备的技术骨干队伍[④]。厂务会记录记载着她对人才培养的具体工作指导意见：

“我们培养学徒是有很多种类，……问题我们要考虑，学习的方法是多种多样，除全厂性的学习外，还有工厂教学等等，究竟如何学习，哪些方法适当，应加以考虑。”

“有前途的三、四级技工我们要找出来大力培养他们，很快地提高

① 《三年来广州市的重大成就》，《南方日报》1952年10月14日。

② 广东省地方史志编撰委员会：《广东省志·电力工业志》，广州：广东人民出版社，1998年。

③ 广东电网公司新闻中心：《风雨光明路（上）》，广州：南方日报出版社，2019年，第43页。

④ 《广州电业局发电厂党支部培养技术工人和技术干部的做法和经验》，《广州日报》1954年3月16日。

>> 工人们业余去上技术课的情形

他们。”

“值班的技术人员，也要订出办法来使他们学习，提高他们的技术水平，如结合推广先进经验郭瓦廖夫法等去学习。可以给他们每个礼拜举行一次技术座谈会或提出问题或举行主题讨论或举行测验。”

“师徒教学合同根据工厂计划订出，教学合同是一种互相帮助的性质，要求不要提得过高。”[①]

…………

① 广州电业局：《西村发电厂厂务会议记录》，1953年4月24日。

这些培养思路在广州电业局得到发展应用，为国家培养了大批技术干部和熟练技工，有力地推动了该时期的生产工作。

1952年底，广州电业局在五仙门发电厂开办技术学校，主要对在职的青工、学徒进行脱产培训，设机、炉、电、化四个专业班，另设一个班培训在社会上新招收的工人，学员200人左右，学习时间约半年，由工程技术人员上课，以电厂作实习基地，将课堂教学与生产实践联系起来，大批学徒通过学习成长为熟练工人走上生产岗位，为大规模电力建设储备力量①。

沿用至今的师徒合同制也是在曾志的支持下得到大力推广的。1953年6月，广州电业局全面开展签订师徒合同的工作，更迅速、更有效地在短期内培养学徒成为技工，以适应国家建设的需要。师徒合同签订后，师徒关系更密切了。西村发电厂锅炉工场烧焊组，自从订立了师徒合同，学徒在业余时间就到实习场进行实操练习，师傅也很耐心地把技术教给学徒②。同时，电业局还草拟了师徒合同的奖励办法，对完成教学任务有显著成绩的师傅给予一定的物质奖励，学徒学好技术则准予升级。电表股的老师傅梁炽在小组会上说："我今年虽然60岁了，我要将我所知道的、我所会的技术毫无保留地教给学徒。"

此外，为了学习先进技术和先进经验，进一步加强人才培养，1953年10月，根据中央电力工业部的指示，曾志与其他领导商量，选派了李焕廷、李昌、张焯棠、蔡镜荣、章喜琳、何炳贤六名优秀技工到苏联学习管

① 广东省地方史志编撰委员会：《广东省志·电力工业志》，广州：广东人民出版社，1998年。

② 《工人的画》，《广州日报》1953年6月21日。

理发电厂和电力网设备的先进技术。这六名工人都是生产上的能手，一贯积极工作，虚心学习，业务上、政治上都进步很快①。1955年，广州电业局又选送一批干部到市、省、部的工农速成学校及高等院校学习②。

1954年10月，燃料工业部颁发《发电厂和电力网运行人员培训工作暂行条例》后，曾志带领广州电业局逐步完善各项规程，并定期组织规程学习和考试，以企业为单位组织反事故演习、技术考问讲解、技术表演、领导巡视问答、背画系统图、办技术问答栏等现场培训③。

旧社会把工人当草，新社会把工人当宝。电厂工人得到充分的尊敬和关怀，建设新中国电业更加干劲十足。

四、重用技术人员，选树先进典型

在旧社会，发电厂工人和技术人员间是有着一条鸿沟的，彼此瞧不起，互相不合作。新中国成立初期，原有技术人员存在不少思想包袱。其中最主要的是怕生产工作上发生事故，怕负责任，因而他们一般都小心翼翼、沉默寡言，埋头钻研技术，努力防止事故发生。一个值班技术员曾形象地说："上班一身紧，下班一身松。"

曾志带头打破旧社会工人与技术人员、工人与干部间的隔阂，大胆起

① 《广州电业局六名优秀职工被选派赴苏学习》，《南方日报》1955年11月3日。
② 广东省地方史志编撰委员会：《广东省志·电力工业志》，广州：广东人民出版社，1998年。
③ 广东省地方史志编撰委员会：《广东省志·电力工业志》，广州：广东人民出版社，1998年。

>> 1954年全国先进班广州发电厂关永昌组全体人员合影，前排左三是关永昌

用知识分子。她在全厂组织“机、炉、电、化”四个专项规程修订小组时，启用关永昌、黄锦麟、颜鸣鹤、周为分别担任专项小组长，这四人中有三个人是知识分子。在当时普遍倾向重视工人的情况下，厂里的知识分子当上车间负责人比较少见，因此曾志这个举措，对电厂的知识分子起到了一定的鼓舞作用。

发电厂党支部也按照德才兼备的标准，协助行政培养提拔了一批技术人员担任技术领导工作，使他们紧密地团结在党的周围，充分发挥其专长，并通过他们带动了其他技术人员，贯彻了党在生产工作上的各项政策和措施，从而保证了生产①。

不少技术人员得到了锻炼提升。颜鸣鹤参加修编规程不久后，被提拔为电气车间副主任。关永昌注重加强现场培训，他所在的汽机工场运行班组还实现连续1000多天安全无事故，被评为广州市一等模范集体；关永昌

① 《中共广州电业局发电厂支部积极团结、教育、改造原有技术人员》，《广州日报》1954年8月6日。

本人在1956年被评为全国电业先进生产者。1954年3月16日《广州日报》报道了广州电业局发电厂培养技术工人和技术干部的做法和经验，其中许多做法至今延续。

工人和知识分子消除芥蒂，互相学习协作。电厂锅炉工场的技术员林树根，刚从工业学校毕业进入电厂工作时，对于不熟悉的机器设备只找工程师了解，而不懂得向工人学习。但他发现，很多设备的构造在书本上是找不到的，而老工人却十分熟悉，而且工人们忘我的劳动精神，使他深受感动，所以他立志成为工人阶级的优秀一员，在劳动中，渐渐地和工人们打成一片。林树根深深体会到，一个技术人员如果离开了工人的支持和帮助，他将不能发挥作用。由于他肯虚心向工人学习，又经常替工人做技术理论分析，因此他很快就掌握了整个锅炉机器的全部构造和性能。锅炉工场的工人们都说他是一个好技术员，有问题时就说："找林树根一起研究去！"[①]

对行政干部，曾志同样有一套针对性的培养思路。20世纪50年代，广州电业局陆续从农村、部队调来40多个干部，他们都被分配在行政管理及党群部门担任领导工作。这些干部调来时对困难估计不足，认为"农村分散，工作麻烦；工人有组织性、纪律性，集中、好发动"。进入工业部门后，他们才深感不懂生产，不熟悉业务，情况复杂，工作插不上手的困难[②]。曾志鼓励他们利用业余时间开展基础知识学习。她和这些干部一样，坐进了课室，虚心地听讲、查阅书籍资料、参加考试。曾志自己回忆说，

---

① 《依靠工人就有办法》，《广州日报》1953年11月28日。
② 《中共广州电业局委员会组织专业干部钻研生产业务的经验》，《广州日报》1954年3月23日。

>> 少先队员向广州市第二届劳动模范代表大会的劳动模范们献花，右二为特等劳动模范王生保

她每次考试成绩还相当不错，都在80分以上[①]。

曾志带领行政干部学习专事分工、五三工厂经验[②]，从思想上、具体工作方法上学习如何管好企业。此外，广州电业局还定期召开支部书记联席会议。曾志和各级领导及时深入各部门进行具体领导，指出了生产上的关键和工作方法。同时有计划有准备地召开转业干部座谈会，进一步密切上下关系，加强了团结，并组织行政干部漫谈感想，交流心得，以明确钻研业务的方法，逐渐增强了大家克服困难的信心。

一些转业干部把曾志的教育指导方法亲切地称为“启蒙教育”。转业干部紧密结合完成工作任务，逐步熟悉和掌握业务，并把定期的业务技术知识学习和现场实习参观结合起来，逐步懂得业务技术知识，并能发现生

① 广东电网公司新闻中心：《风雨光明路（上）》，广州：南方日报出版社，2019年，第43页。

② 广州电业局：《西村发电厂厂务会议记录》，1953年4月24日。

产中的关键问题，找到解决关键问题的门径，工作也逐渐做出成绩[①]。

依靠劳动模范和先进生产者带动工人群众也是曾志和党委领导一直全力推进的事情。她在大力支持首创精神和劳动模范、先进生产者的培养教育方面做了大量工作。她关心劳动模范和先进生产者，帮助他们解决实际的困难，并大力支持他们提出的合理化建议，使他们在推动生产、完成国家计划上发挥了应有的作用。1953年8月，曾志就煤耗指标没完成的问题召开了“先进生产者座谈会”及“技术研究会”，发动劳动模范、先进生产者展开讨论，提出具体解决办法，并加强了“燃煤研究小组”的工作。同时，支持副厂长、市一等劳动模范孙百城开办“燃煤技术研究训练班”。受到曾志鼓舞，先进生产者廖廷芳发动小组降低煤耗，从而带动了其他生产小组完成8月份煤耗计划指标；到11月中旬，煤耗继续降低，解决了长期以来煤耗过高的问题。

此外，曾志要求党组织指定专人对劳动模范、先进生产者进行经常的个别培养教育，注意及时发现和解决培养教育中存在的问题，如先进代表王生保等文化程度不高。除了平时安排学徒教授文化知识，1954年，电厂还把他们调去广州市委党校专门学习文化知识。在党建和培养提拔干部工作中，曾志要求党组织首先把劳动模范、先进生产者中合乎党员标准的吸收到党内来，并按照“德才兼备”的原则，把他们中间的优秀人物及时提拔到各级领导岗位上来。这为劳动模范、先进生产者的继续巩固提高创造

① 《中共广州电业局委员会组织专业干部钻研生产业务的经验》，《广州日报》1954年3月23日。

了良好的条件[①]。

在推行这样的人才培养举措之下，广州电业局涌现了许多先进代表。副厂长王生保先后获得全国劳模、全国先进生产者、广东省先进生产者、省市特等劳动模范等荣誉称号。工程师孙百城积极推广先进经验，改进技术，解决生产上的关键问题，先后获得广东省甲等劳动模范和广州市一等劳动模范。关永昌带领发电厂汽机工坊小组贯彻了科学巡回检查法和科学安全运行法，提高生产技术，创造安全生产新纪录，先后获评全国先进生产者和广州市二等劳动模范，关永昌小组被评为先进小组。此外还涌现出黄新民、毛锦清、王义基、刘光、梁龙等先进个人以及典型集体[②]，为当时全国的电力工业建设发挥了积极的推动作用。

在曾志任职期间，广州电业局不仅实现了设备检修等技术层面的升级突破，组建了一支本领过硬、攻坚克难的人才队伍，还能抽调干部、工程师、技师、技工、学徒工，为全国各地输送大批技术骨干，支援国家工业的建设。

曾志组织工会和青年团开展宣传动员，进行爱国主义教育，鼓励干部职工支援国家建设工作，使职工认识到参加支援工作是件光荣的任务。发电厂还切实地帮助解决调走职工的后顾之忧，使他们能够全身心投入建设事业[③]。

---

① 《广州电业局西村发电厂党组织对劳动模范和先进生产者的培养教育工作》，《广州日报》1954年12月7日。

② 广东省地方史志编撰委员会：《广东省志·电力工业志》，广州：广东人民出版社，1998年。

③ 广州电业局：《1953年上半年工作总结》。

"我们电厂过去已培养不少技术人才，支援基本建设，今后还需要我们进一步提高阶级觉悟，继续做更大的努力。"全国劳模、西村发电厂副厂长王生保在广州市总工会文教部座谈会上就提到了广州电业局人才输送的情况[①]。

仅1953年上半年，广州电业局就输送优秀职工91名[②]，其中包括技术工人63人、工程师5人、技术员14人、助理技术员4人、工厂主任厂长3人、一般干部2人[③]。从西村发电厂抽调了一整套电厂的班组长和车间干部去了新建的郑州发电厂，调出2名工程师分别到沈阳发电厂以及新建的武汉青山发电厂任正副总工程师，还调出了一批工程技术人员和工人到青山发电厂工作，支援基础建设，帮助他们提前完成国家生产计划[④]。

曾志回顾这段岁月时这样说道："首先，我信任全厂、全局的科技人员、干部、职工，使他们明确自己的职责和任务，时常了解时事政治和做社会主义主人翁的具体革命道理；其次，放手让大家动手动脑，使全厂干群自觉自愿并富有创造性地在自己工作岗位上发挥作用。"[⑤]

---

① 《市总工会文教部职合邀请本市劳动模范、先进工作者举行座谈会》，《广州日报》1953年5月1日。

② 《广州电业局抽调一批优秀干部支援某地电厂建厂工程》，《广州日报》1954年7月4日。

③ 广州电业局：《1953年上半年工作总结》。

④ 广东省地方史志编撰委员会：《广东省志·电力工业志》，广州：广东人民出版社，1998年。

⑤ 广东电网公司新闻中心：《风雨光明路（上）》，广州：南方日报出版社，2019年，第39页。

第四章

情系人民心怀电业

曾志是这样总结归纳西村发电厂工作经历的："这就是从群众中来到群众中去、踏踏实实地依靠群众的群众路线的工作方法，是思想政治工作的基本方法，也是思想政治工作扎根于群众之中，思想政治工作寓于生产、技术、经济工作之中的基本方法，这便是我在西村发电厂取得成绩的成功之处。"

在革命年代，曾志依靠群众开展地下工作，发动群众支援解放事业，也多次在九死一生的危急时刻，被善良的群众从死神那里抢回性命。她常说她这一生，如果没有人民群众的无私救助和保护，恐怕一百次也死过了[①]。所以在每一个工作岗位上，曾志都情系百姓，心在人民，真心实意地为群众办实事，做人民群众满意的好党员、好干部。

① 中共中央组织部：《学习曾志同志的共产党人革命精神和高尚品德》，《中国组织人事报》2011年4月6日。

一、推进用户服务

在旧社会，电力公司是最吃香的，职工看戏、看电影、坐电车，从不掏钱买票。门口检票的看他们来了，点头哈腰地赶快请进去。否则，刚演到半截，就会突然断电，有谁敢惹？新中国成立后，中国的电力工业回到了人民手中，官僚资产阶级的企业已成为社会主义企业，服务宗旨也从为旧的统治阶级服务变成为人民服务[①]。

1949年11月24日《人民日报》首次提出“人民电业”一词，随后经过“电业是属于人民的”“电业为人民服务”的演变发展，电力部门在20世纪50年代提出了“人民电业为人民”的说法[②]。用户服务，成为电力企业的新课题。

从战争年代走来，曾志深刻体会新中国成立前人民受压迫、受剥削的艰难困苦，她在心里发誓，一定要在有生之年尽自己的能力为这些纯朴善良的老百姓谋福利[③]。

人民电业为人民，首先是要提高发电量、扩大供电范围，把电力送进千家万户。曾志与广州电业局的干部职工们统一思想，大力促进电网建设[④]。

广州电业局先后架设了新的输电线，输送电力到佛山市和广州河南、黄埔等郊区，并在各重要工区内调整用电负荷，使日益发展的工业得到足

① 《关于〈人民电业〉创刊的点滴回忆》，《中国电业》2001年第2期。
② 《以方便用户为荣》，《人民日报》1982年10月18日。
③ 曾志：《百战归来认此身——曾志回忆录》，北京：人民文学出版社，2011年。
④ 《广州电力工业志》编纂委员会：《广州电力工业志》，2001年。

>> 1952年广州河南中路（今江南大道）的6.3千伏高压配电线路

够的动力。佛山市开始由广州供电后，申请用电的居民也越来越多。很多用电力带动的手工业半机械化的机器都能日夜轮班生产，改变过去白天也常常因缺乏电力而停工的现象[1]。

为解决广州珠江南岸大小工业用电，克服以前电压低的缺点，广州电业局安装过江线杆，又开创性地铺设两公里长的地下电缆[2]。住宅区过去没有使用电灯，自从增设了许多线路，居民们都安装了电灯，晚上一片

① 《广州市电力供应范围逐渐扩大》，《南方日报》1955年10月4日。

② 广州电业局：《三年来电业工作情况》，1952年9月18日。

光明[①]。

广州芳村区过去由于线路长，电压低，同时变压器的容量少，不能为芳村区工业用户和一般居民用户供应标准的电压和充足的电力。随着申请供电的工业用户不断增加，曾志等领导干部发动供电科职工开动脑筋，找出架设海底电线的办法，工人们克服水中作业的困难，完成过江电缆工程，解决了用户的电力供应问题[②]。

为了减少损失、保障供电，广州电业局对高低压线路进行检修检漏、改压改线，消灭全市包灯用户，动员查处霸王用电，降低了线损率，让电力能够高效地用于生产生活[③]。1952年广州新建河南变电站时，将2.3千伏馈电线改为6千伏供电，并对残烂低压线路进行随查随修，更换导线，增大导线截面积。至1953年时，线损率已经下降至11.16%。广州电业局还成立了线损研究小组，开展对馈电线的线损技术分析，推广上海线管所的线损技术工作经验，安装线损表，掌握出输、配电线路损失数据，并逐步把部分变电站升压。

当时，居民用电主要是照明用电。为了保证人民群众的供电质量，广州电业局对广州配电线路进行逐步整理改压，由原先110/220伏改为220/380伏，让用户电灯较之前更为光亮[④]。

照明用电的发展，使市内的街道都安装了电灯。广州市一德街白米巷

---

① 《广州市电力供应范围逐渐扩大》，《南方日报》1955年10月4日。

② 《广州电业局利用呆料完成芳村过江电缆工程》，《广州日报》1952年12月15日。

③ 广州电业局：《三年来电业工作情况》，1952年9月18日。

④ 广州电业局：《三年来电业工作情况》，1952年9月18日。

安仁里有一百多户居民，大多数是劳动人民。在旧社会里，大家的生活很艰苦，无法安装电灯。新中国成立后，大家的生活好转了，都想安上电灯。但安仁里没有街线，而且安装时又要一笔较大的费用。安仁里的居民便试着将这种情况写信给广州电业局。广州电业局得悉情况之后，多次派人到现场查看，并替安仁里安装上一条街线。同时考虑到此地劳动人民的现实困难，对于一时无法支付按金和安装费的，都酌量采取分期缴交的办法，使得安仁里每一户居民都用上了电灯，把原本黑暗的街巷变为光明的街巷[①]。

在以曾志为代表的领导层服务人民思想的影响下，广州电业局积极开展用户服务。对于与用户最直接相关的营销业务，曾志要求必须解决用户关系问题，确立为用户服务的观点[②]。过去广州电业局业务手续的烦琐是人尽皆知的事，报装电灯往往需半个月至一个月时间。为了更好地为广州市群众服务，广州电业局改善企业经营，简化各种业务手续，取消了缴交户口册、身份证等手续，并取消了交旧欠的不合理的制度。居民希望在三日内装表，电力报装尽可能供给，以求发展生产。

曾志十分支持的苏联郭瓦廖夫的先进工作法也被成功运用到抄表核收工作之中。1952年开始，广州电业局制订抄表即收电费办法，在西区进行试点实行。按照抄表即收电费办法，每月依照规定日期，电业局派人到用户处抄表，并随即向用户拿“电费手折”开据收费。凭借“电费手折”，也可由邻居代办。如果用户确有困难，不能即时缴付电费的，抄表员将开

① 《安仁里有了电灯》，《广州日报》1953年12月30日。

② 《中共广州电业局委员会组织专业干部钻研生产业务的经验》，《广州日报》1954年3月23日。

列通知单，通知用户在规定日期自行到特约收费的人民银行缴费。机关团体工商业户，还可以用符合银行规定手续的票据交付电费，或者与广州电业局订约，采用划拨清算缴费办法。抄表即收电费办法的实行，使得劳动组织得到合理分工，也方便了用户的用电①。

新中国成立前，摊贩是不予报装电表的。因为摊贩没有门牌、户籍，也没有固定用电场所，在户籍管理、业务联系、供用电安全等方面都有问题。广州电业局从用户服务的角度出发，在管理和安全方面影响不大的原则下，开始为个别有特殊困难的摊贩装表供电②。

越来越多新的工作方法被运用在用户服务的工作上。1953年，广州电业局实行“送电上门”的办法。工作人员主动与用户联系，了解工商业的发展情况，及时掌握用电需要增加的情况；同时，了解售电情况，分析用电增加或减少的原因，以便在编制发展用户的计划时心中有数。编好计划后，大致上都能按季按月完成发展用户及售电的计划，改变了过去发展用户的盲目及无计划现象。在职工们的努力下，内部协同得到加强，一些过去难以供电的地区，也供上了电，扩大了全市的供电范围③。

在工业用电方面，广州电业局订立并贯彻线路工区与营业所的联系制度，保证及时解决用户用电问题。又调整负荷工作，组织各工厂用户的轮休制度，发掘设备的潜在能力，保证机、炉检修时也不影响工业用电。由于一系列措施的实施，加以全市工业生产的不断发展，许多工厂也超额完

① 《广州市电业局试点实行抄表即收电费办法》，《广州日报》1952年12月7日。
② 《广州电业局关于摊贩用电问题的答复》，《广州日报》1954年3月12日。
③ 《广州电业局提前完成全年生产计划》，《广州日报》1953年11月27日。

>> 横跨珠江的高压电线铁塔建成，缩短了到河南区和芳村区的线路，使工业用户有足够的标准电压

成了生产计划[①]。

曾志推进用户服务工作的举措还体现在想方设法降低煤耗、降低发电成本上，将电力送进千家万户的同时，还降低电价惠及人民。

1952年11月，中共中央华南分局与中南财委会华南分会联合召开广东省地方国营工业会议，提出：在现有基础上改善经营管理，降低成本，提高质量，打开销路以维持和扩大生产。为贯彻会议精神，完成降低成本任务，广州电业局加强企业管理工作，改进生产方式，使发电厂的煤耗逐渐降低，线路损失大大减少，劳动生产率显著提高，发电成本得到有效下降。从1950年到1955年，广州市的电价先后降低了5次，其中工业用电价总

① 《广州电业局提前完成全年计划》，《广州日报》1954年12月11日。

共降低30%，照明用电价也降低20.76%[①]。

“电业生产部门要大力贯彻安全生产和为用户服务的思想。”[②]中央人民政府燃料工业部电业管理总局召开的全国电业生产会议上的这个要求，是曾志在广州电业任职期间的体现。

二、开展用电安全宣传

为了科普电力安全知识，20世纪50年代，广州电业局组织对外宣传安全用电，在市区及郊区居民密集地方，采用流动宣传广播车、张贴宣传画、宣传标语、办小型展览会和组织建筑装修工人上电气安全课等形式对市民进行安全用电教育[③]。广州电业局还编印了《用电常识》刊物，用以普及用电安全。

1952年12月，曾志组织广州电业局联合广州市人民文化馆、电信局、省高工、东方电校、执信中学、科普协会、电工器材同业公会等举办“电学常识展览会”。展览会以图表、实物、仪器、模型等展品，展出了包括“中国伟大的工业潜能——电力”“苏联电气化建设”“电的产生”“电的应用”“安全用电常识”及“广州三年来电业工人的创造和贡献”等在内的丰富成果[④]。

① 《广州市电力供应范围逐渐扩大》，《南方日报》1955年10月4日。
② 《电业总局召开全国电业生产会议》，《广州日报》1954年3月19日。
③ 《广州电力工业志》编纂委员会：《广州电力工业志》，2001年。
④ 《人民文化馆等单位联合举办“电学常识展览会”》，《广州日报》1952年12月28日。

>> 在人民文化馆举行“电学常识展览会”，图为观众们正在观看各种图表

同时，广州电业局利用《广州日报》等报刊平台，刊载了大量电力科普的相关文章，如《动力用户使用开关制必须依照电业局规定的条件》《谈谈日光灯》《怎样防止触电事故》《谈谈用电的节约问题》《在电线上挂晒衣服应该纠正》等，也经常借助报纸回答公众的疑问，提醒公众注意用电安全。比如1953年12月2日的《广州日报》就刊载了广州电业局职工的来信，表示本市居民由于不重视安全用电和缺乏安全用电常识，以致常有触电伤亡的人身事故发生，提醒市民做好安全用电[①]。

为了对市民作广泛的宣传教育，广州电业局在戏院影片放映时同场放映“家庭安全用电常识”短片。短片内容包括常见触电情形、触电事故预防方法、触电后人工呼吸急救方法等。短片内容贴合实际，对市民尤其是儿童有重要的教育意义。广州电业局同时建议各区人民政府发挥居民小组

① 《必须切实做到安全用电》，《广州日报》1953年12月2日。

的作用，纠正居民不重视安全用电的错误思想，并发动居民自主检查用电设备，改装各种不合规格的设备，彻底消灭触电事故[①]。

为了更好地保证安全供用电，提高用电负荷率，充分利用发、供电设备能力以及合理和节约使用电力，曾志等领导干部清醒地认识到，除了加大宣传力度，对于不安全的用电行为，应该主动进行纠正整改。

1952年起，广州电业局在用电科下设用电监察股，代表政府行使用电监察权，负责对用户用电行为进行监督检查。其工作主要有两方面：一是处理违章用电，1952年组织职工143人和稽查队会同公安人员共查获偷电户2488户，追回1926万千瓦时的电费。二是抓用户的安全用电，提高功率因数，同时做好电工的管理，协助有关单位开展对电工的技术培训考核、发证工作等。

1953年，广州供电局开展电气设备安全检查[②]。发动职工检查工作上和设备上的缺点，对设备改进工作和技术上深入研究改善，呼吁全市市民及各基层工会、学校、派出所、街道办事处共同把安全用电工作做好[③]。

对于公、私营工厂及大灯户，广州电业局严格抓好安全用电，防止人身事故及减少设备损失事故。通过检查，发现有些厂内高低压线路紊乱，有些工厂用户高低压线的距离不够标准，有些低压线路东拉西扯挂在树上和搁置在屋顶上，有些用电电器设备不合规格，有些工厂用户马达装在潮湿的地方又不加以保护致使导线漏电，还有因变压器装置不合规格很容易发生烧毁设备的事故等问题。对于用电不安全的工厂、大灯户，电业局及

① 《必须切实做到安全用电》，《广州日报》1953年12月2日。
② 《一些机关单位违章用电要迅速纠正》，《广州日报》1953年5月8日。
③ 《应重视电气设备安全》，《广州日报》1953年8月27日。

时发出检查通知，敦促做好整改工作，以保证人身和设备的安全，提高生产、降低成本[①]。过去各工厂、大灯户领导和职工间不注意用电安全，认为只要机械能够运转、电灯能够发亮便能交差，至于如何能使电力不断地安全供应，使生产、人身安全不受到影响，或没有考虑，或考虑不够。通过检查整改，他们这种错误的思想得到有力的纠正。

三、为职工谋福祉

搬到电厂宿舍居住之后，曾志和家人经常会到工人家里串串门、拉拉

>> 广州电业局职工疗养所外景

① 《广州电业局检查工厂》，《广州日报》1953年9月3日。

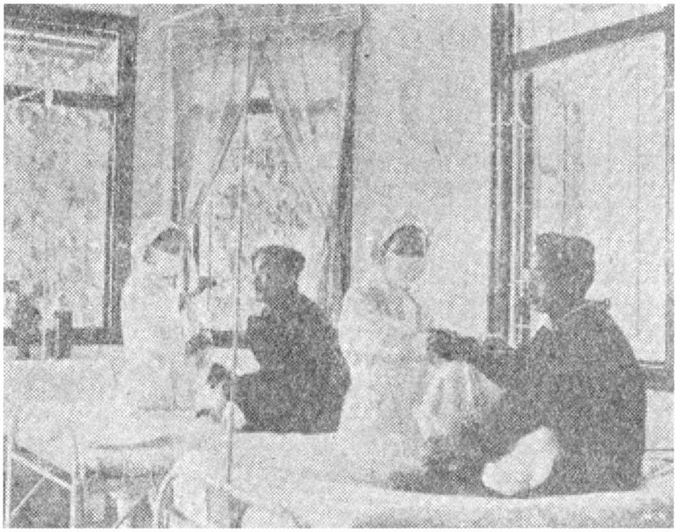

>> 护理人员正给广州电业局职工检查体温和脉搏

家常。曾志的母亲将好吃的东西分给左邻右舍，春节时会请家不在广州的工人、工程技术员来家里来吃饭。曾志十分关心干部职工的业余文体活动，想办法改善职工生活条件。这期间，广州电业局各电厂都建起了图书室、阅览室、文娱室，西村发电厂还设立了乒乓球、羽毛球室，篮球场，小型足球场和游泳池，经常组织职工开展文体活动，举办各种球类比赛。曾志还组织创办了电厂幼儿园、保健室，解决了职工子女照看的问题，并为职工就诊看病提供便利。

增产节约运动开展以前，电业局医务室的工作人员存在着“医生等病人”的情况。除西村发电厂有一个固定的医务站外，局本部、河南修配厂、五仙门发电厂的职工和家属都要到统一的医务室看病。病人多，环境拥挤，医务人员也忙不过来，每个职工无论看病或注射都得等上一两个钟

>> 广州电业局职工在阳台上阅读书报

头。家属来看病的，有时竟从早上等到下午还没有轮到诊治，因此职工和家属对医务室的意见很大，有的职工甚至怕影响生产而不愿去看病。开展增产节约运动后，曾志号召医务人员改变工作方式，深入车间，在局本部、五仙门发电厂、河南修配厂内设立小型的医务站。每天上午医务室大部分工作人员留在医务室为家属诊病，一小部分人去五仙门发电厂为职工看病。同时还实行了预约登记制度，生病的职工预先在车间或科室的劳动保护员处登记，然后转交医务站，医务站就按次序逐个通知依时就诊，不用等候，诊完便可以拿药回到工作岗位；或由医务人员配好后亲自将药送到车间给职工。当生产任务忙，值班工人不能离开时，医务人员就亲自到车间为工人诊病，避免职工因看病而影响生产。职工、家属对此都很满意，称赞道："现在看病，不用等也不用耽误生产了。"[①]

职工每次提出的改善工作条件诉求，曾志都十分重视，并积极解决。1953年6月21日，在曾志出席的厂务会议上，针对职工提出的因天气变热希望食堂供应茶水、绿豆水等的要求，会议专门进行了讨论，要求尽量满足职工的诉求[②]。此外，在1953年12月，曾志签发了一则通知，要求电业局各单位必须加强计划管理工作，为保证职工的健康，凡可加可不加的班不要加。若必须加班，可在不妨碍工作的原则下采取轮休、补假的办法解决[③]。

职工文体活动在曾志的支持下也得到发展。1952年、1953年广州电业局每年举行职工游泳比赛，参加比赛的运动员来自不同岗位、不同年龄段，这大大激发了职工对游泳运动的兴趣。工会也经常到各基层工会游泳队协助解决困难，对开展游泳运动所需要的时间、物质都给予大力支持。工会还免费为游泳队提供泳场入场券，选送了部分骨干参加"第一届工厂工人游泳辅导员训练班"。同时，参加了比赛的运动员都成为有力的宣传员。工会一位负责体育活动的干部表示，比赛的本身就是生动的宣传教育，比单纯用大字报、广播等有效得多。一到夏天群众就催促"今年要早些搞起游泳队呀"。通过锻炼，职工的身体素质得到加强，用工人们自己的话讲，"经常游泳，睡觉特别香。医疗室也少人光顾了"。

1953年，广州电业局工会还在局办事处各科室推广工间操，受到职工普遍欢迎，吸引了大家踊跃参加。有些职工反映说："现在有两件喜事，

---

① 《广州电业局医务室在增产节约运动中组织巡回医疗队深入车间展开医疗工作》，《广州日报》1953年12月24日。

② 广州电业局：《西村发电厂厂务会议记录》，1953年6月21日。

③ 广州电业局：《通知》，1953年12月24日。

>> 广州电业局职工的游泳活动

一件是实行了理论学习，一件是实行了工间操。”[1]

“平易近人、不摆架子，十分关心职工的生活和身体状况”，原西村发电厂汽轮发电机运行车间班员陈友明回忆起曾志这位老领导时，非常动情。

四、始终关心电业发展

1954年11月9日，中共中央决定由曾志任广州市委副书记（因分管工业，也称为“工业书记”）[2]。1955年1月20日，曾志当选广州市人民委员会委员。2月12日，广州电业局发出通告，任命王焕为广州电业局局长，免

① 《本市许多工厂企业机关团体普遍开展广播体操和工间操收到良好效果》，《广州日报》1953年11月15日。

② 中共广州市委组织部，中共广州市委党史研究室，广州市档案馆：《中国共产党广州市组织史资料》，广州：广东人民出版社，1993年，第171页。

去曾志广州电业局局长职务。带着温馨的回忆，曾志依依不舍地离开了西村发电厂[①]。

>> 1958年春，曾志在广州珠岛

① 曾志：《百战归来认此身——曾志回忆录》，北京：人民文学出版社，2011年，第321页。

>> 工人正在安装巨型电力变压器

曾志在广州电业局工作的两年零四个月时间，正是新中国成立后广州电力工业恢复生产、电力建设起步的时期。作为新中国第一批电力工业建设者中的一员，她带领干部职工攻坚克难，开启了广州电业的第一轮飞速发展。在全国第一个五年计划期间（1953—1957），广州的供电量由1.11亿千瓦时增长到2.28亿千瓦时，年平均增长率为22.03%。工业用电增长约3倍，市政及照明用电增长50%[1]。1952年11月，新中国成立后第一座13.2千伏变电站——河南变电站建成投运。1954年起广州市区馈电线由2.3千伏改为6千伏，西村发电厂的13.2千伏直配线升压为35千伏。1955

① 《广州电力工业志》编纂委员会：《广州电力工业志》，2001年。

>> 1958年的曾志，时任广州市委书记

年广东省第一条35千伏送电线路——广州赤岗—黄埔线及广东省第一座35千伏变电站——广州赤岗站投产，广州电业局的供电能力大幅提升[①]。

离开广州电业局之后，曾志作为市委分管工业的领导，始终关心电力事业，继续推动广州电力工业建设。

曾志任广州市委书记时，正值全国第一个五年计划中期。在1954年的中共广州市第四次代表会议上，决定全市的建设方针是：把广州市逐步建设成社会主义工业城市。在次年召开的中共广州市第五次代表会议上，则

① 广东电网公司新闻中心：《风雨光明路（上）》，广州：南方日报出版社，2019年，第43页。

更进一步地明确要把广州市建设成为一个以轻工业为主的社会主义工业生产城市。作为广州市委管工业的书记，曾志不仅参与了这些方针、政策的决策，而且也是一个直接的领导者、执行者。她在回忆录中写道："这些工作抓得好坏，成效如何，都与我密切相关。在一定程度上，我肩上担负着振兴广州市工业的重担，能否把广州如期建设成一个以轻工业为主的社会主义工业生产城市，其责任并不轻松。"[①]1956年3月，经中共中央批准，广州市委设立书记处，由王德、赵武成、朱光、吴有恒、曾志五人组成[②]。1956年6月，中共广州市第一次代表大会召开，会议选举产生了第一届市委。6月19日，中共广州市委第一届委员会召开第一次全体会议，选举曾志等10人为市委常委，曾志任书记处书记[③]。

1957年11月，在庆祝俄国十月革命40周年前夕，曾志到广州电业局作有关庆祝十月革命节的报告[④]。1958年1月，广东省电业局经国务院批准设立，响应中共中央提出的"鼓足干劲，力争上游，多快好省地建设社会主义"的总路线开展电力工业建设[⑤]。7月2日，西村发电厂等工厂企业职工来到中共广州市委员会报喜，汇报他们近期在生产工作上创造的新成绩。西

① 曾志：《百战归来认此身——曾志回忆录》，北京：人民文学出版社，2011年，第322页。

② 广州市档案馆：《广州大事记》（1949年10月—1994年12月），广州：广州出版社，1996年，第112页。

③ 中共广州市委组织部，中共广州市委党史研究室，广州市档案馆：《中国共产党广州市组织史资料》，广州：广东人民出版社，1993年，第172页。

④ 《中共市委和市人委负责干部将分头到机关工厂作报告》，《广州日报》1957年11月2日。

⑤ 广东省地方史志编纂委员会：《广东省志·电力工业志》，广州：广东人民出版社，1998年，第2页。

>> 1958年7月，中共广州市委书记、广州市市长朱光（左），中共广州市委书记曾志（右）和前来报喜的工人在一起

村发电厂发电机组提高出力2000千瓦，并提高锅炉出力，每小时增加出汽20吨；另外还仿制成功电流表等产品。曾志亲自接见了报喜队伍，和队伍亲切谈话，给大家很大的鼓舞[①]。

即使已经不再担任电业局局长，曾志对电厂的技术创新、安全生产、先进经验推广和增产节约等依旧十分关注。

① 《用生产成绩向党汇报》，《广州日报》1958年7月3日。

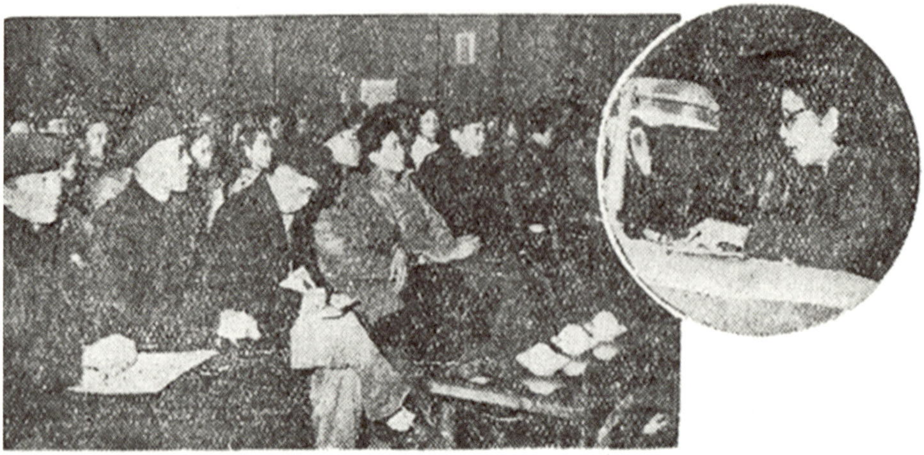

>> 1959年12月，中共广州市委书记曾志在广播大会上讲话的情形

1958年，为支持第三届人民代表大会提出要把广州市建设成广东和华南的工业基地的决议[①]，五仙门发电厂制成一台当时华南地区自主制造的最大的电动机，除外壳由外部工厂协作生产外，其他全部由五仙门发电厂维修车间自主制造。在这过程中，曾志不止一次到厂里了解情况和检查工作，鼓舞了职工群众的劳动热情[②]。

1959年元旦，广州全市各阶层人民代表4000多人，在中山纪念堂举行元旦向党和政府献礼大会，并在中山纪念堂广场展出1958年生产的12800件产品[③]。在东区的展览馆，西村发电厂副厂长王生保与曾志一起参观各种展

① 广州市档案馆：《广州大事记》（1949年10月—1994年12月），广州：广州出版社，1996年，第158页。

② 《五仙门发电厂制成一千瓩电动机》，《广州日报》1958年10月2日。

③ 广州市档案馆：《广州大事记》（1949年10月—1994年12月），广州：广州出版社，1996年，第171页。

>> 1960年4月，中共广州市委书记曾志同志正在和出席全市群英大会的代表亲切交谈

品。王生保看到南洋电器厂制造的炼矽钢电炉变压器，如获珍宝，对它摩了又摩，看了又看，对曾志说："好，这对电业上是个大贡献，是件大喜事！"[①]

1959年9月，广东省电业局在全市工矿交通企业安全生产会议上因发生设备事故受到批评。曾志在讲话中强调：关心工人安全生产，注意改善工人劳动条件，是社会主义企业管理基本原则之一，设备的安全、人身的安全问题是关系到我们社会主义建设速度的问题。如最近电厂因为设备事故造成停电，就给国家带来很大损失。她要求各单位必须进一步树立"安

① 《万件喜事迎新岁》，《广州日报》1959年1月2日。

>> 1965年，广州供电公司变电工人正在35千伏小港变电站安装主变压器

全为了生产、生产必须安全”的思想，对职工进行安全教育，同时，对安全生产中存在的问题要及时处理，安全机构尚不健全的应健全起来[①]。1959年下半年广东省电业局通过认真整顿生产秩序，恢复执行各种规程和措施，坚持预防性试验和健全事故分析会，安全生产局面有所好转，各类事故明显减少[②]。

1960年2月起，广东省开展以机械化、半机械化、自动化、半自动化为中心的技术革新、技术革命运动。同年5月16日，中共广东省委召开省、市直属机关科以上干部会议，下达了进一步开展技术革新、技术革命和增产节约运动的动员会后，5月17日，曾志就到西村发电厂了解该厂推广煤气化的情况，给该厂职工以很大的激励，职工们决定迅速将原有已建成的两座

① 《搞好安全生产　推动增产节约》，《广州日报》1959年9月20日。

② 广东省地方史志编纂委员会：《广东省志·电力工业志》，广州：广东人民出版社，1998年，第357页。

小煤气发生炉加以扩建，以适应生产需要[①]。

在广州的14年间，曾志不遗余力地推动电力工业建设，带领广州电力工业起步腾飞。这段时间火电建设以低、中压汽轮发电机组为主，水电建设则大、中、小型水电站并举，还建成了一批输变电工程项目。广州西村发电厂通过扩建共有3台发电机组，容量共3.45万千瓦。1957年7月，华南地区第一条11万伏超高压输电线——从流溪河水电站到广州市区的输电线架设完毕[②]。1959年1月建成流溪河水电站，解决所属县市郊区的农田排灌和工业用电问题。1960年，广州至番禺市桥输电工程竣工，七八十万亩稻田排灌用电问题获解决[③]。1963年建成220千伏新丰江－广州输变电工程，这是广东省第一项220千伏输变电工程。广州电网扩展至珠江三角洲地区，形成珠江电网。1965年，广州地区发电设备容量11.9万千瓦，发电量6.49亿千瓦时。广州电网的供电范围不断扩大，已从新中国成立初期的五六十平方公里增加到6000多平方公里[④]。这段时期电力建设者发扬艰苦奋斗精神，克服种种困难，创造了优异的成绩，兴建的电厂和输变电工程为广州地区的经济发展提供了充足的电力。

1966年9月，曾志离开广东调往北京，但她始终牵挂着这座她一生中工

---

① 《本市广大职工以最大的干劲和最迅速的行动掀起“四化”新高潮向煤气化进军》，《广州日报》1960年5月18日。

② 广州市档案馆：《广州大事记》（1949年10月—1994年12月），广州：广州出版社，1996年，第139页。

③ 广州市档案馆：《广州大事记》（1949年10月—1994年12月），广州：广州出版社，1996年，第197页。

④ 广州市地方志编纂委员会：《广州市志·卷五（下）》，广州：广州出版社，2000年，第638页。

>> 1954年陶铸、曾志、陶斯亮在广州家中

作时间最长的城市。1993年陶斯亮的中学同学从广州去北京拜访曾志，年过八旬的老人“很关心广东，特别是广州的近况。我们刚落座，她就向我们问广州，与我们谈广州，那关切的神情，着实让人感动”[①]。1996年，刚从医院做完化疗出来的曾志接受《广州日报》采访，赞扬“广州记者重走

① 黄雪茜：《在曾志家做客》，《广州日报》1993年12月12日。

长征路”大型采访活动，认为广州发起此举意义重大，希望记者们不但要锻炼采访能力，而且要锻炼意志和信念，增强对社会主义、对共产主义的坚强信念[①]。

1998年曾志去世后，女儿陶斯亮遵照她的遗嘱，把她的一部分骨灰埋在白云山松风石下面，与南粤大地紧密相连，“永远守望着这座承载着您无限深情的城市”[②]。

---

① 《曾妈妈抱病寄语广州娃》，《广州日报》1996年3月29日。

② 陶斯亮：《致母亲——白云山上的祭文》，《时代潮》1999年第3期。

结语

人民电业的红色传承

曾志同志是中国共产党的优秀党员，久经考验的忠诚的共产主义战士[①]。时任浙江省委书记的习近平同志在丽水调研时对曾志同志给予高度评价。同时，作为广州电业局的首任党委书记、局长，曾志同志是广州电力系统杰出的领路人。她的精神品质和任职期间的工作方法一直在广州电力薪火相传，这些宝贵的精神财富经过时间的淬炼，依旧熠熠生辉。

曾志曾经带领电力工业建设者在“一穷二白”基础上建设的广州电网，座座电站拔地而起，条条银线延伸八方。从新中国成立初期的13.2千伏、35千伏，再到1959年的110千伏、1963年的220千伏。到了1992年，广州电网迎来了第一座500千伏变电站，电压等级不断升高。同时，从1952年新中国成立后的首座变电站面世，到2014年广州率先成为全国首个拥有300座变电站的省会城市，电网规模不断扩大。一代代电力人筚路蓝缕，推动广州电力事业全面发展。

2002年，在电力体制改革的背景下，南方电网公司应运而生。站在新的起点上，南方电网人深入践行“人民电业为人民”的企业宗旨，努力将

① 中共中央组织部：《学习曾志同志的共产党人革命精神和高尚品德》，《中国组织人事报》2011年4月6日。

革命先辈为之奋斗的伟大事业向前推进。

一、党支部发挥作用，党建引领生产

党的力量来自组织，组织能使力量倍增。

《西村发电厂厂务会议记录》记录了曾志多次在会上强调要及时掌握职工的思想问题，并提出发挥党团员作用以发动组织群众，推动生产工作的意见。1952年10月29日，曾志参加了西村发电厂的厂务会议。会议对制订生产计划展开讨论，并明确要求："工会、青年团要做好宣传鼓动工作，在运动中要起带头作用。"[①]在11月7日的厂务会议上，当基层工会副主席沈亚英提出运转部门存在学习时间短这一问题后，曾志马上表示，要在第二天就召开党团员积极分子会，号召大家要保证遵守学习时间[②]。

西村发电厂党支部在1952年冬季生产改革运动开展以前，对支部工作的认识是模糊的。虽然在原则上知道工厂企业中党组织的任务是保证与监督生产任务的完成，但究竟怎样去保证与监督，则不大明确，以为只要通过少数党员在生产中发挥积极性，起带头骨干作用，并通过党员领导干部以行政首长身份对生产和行政任务实行保证监督就成了。许多生产上的任务和问题，党支部也往往不讨论[③]。

曾志把全厂党、政、工、团比较负责的干部和全体党员组织起来，有

① 广州电业局：《西村发电厂厂务会议记录》，1952年10月29日。
② 广州电业局：《西村发电厂厂务会议记录》，1952年11月7日。
③ 《中共广州电业局发电厂支部工作的转变》，《广州日报》1953年10月12、13日。

计划地学习五三工厂经验。通过学习，对如何把政治工作与经济结合起来、发挥党支部的保证与监督作用，明确党支部对工会及青年团的领导等有了较明确的认识，支部工作得以转变。支部委员深入车间，参加车间党小组、工会和生产小组、车间中心小组（等于车间管理委员会性质）的会议，发现问题时及时帮助解决。支部和小组每隔一星期就针对安全和生产方面的问题进行讨论和检查，并规定工会、青年团和行政要经常向支部反映有关安全生产的情况。同时，行政上建立“厂长每日巡厂制”，支部书记和工会主席也参加巡厂，以便直接了解和掌握生产情况。每周二上午，支部召开党、政、工、团负责干部的碰头会，主要解决生产方面的问题。这些办法实行后，党支部在领导上比以前主动了，发挥了监督保证生产的作用①。1953年，广州电业局党委及时组织学习，动员广大职工开展反右倾保守和技术革新、增产节约运动，厂、所、车间、班组开展劳动竞赛，掀起生产高潮，使广州地区发供电状况不断改善，经济效益明显提高。这一时期，广州电业局发电厂党支部等党组织的优秀做法数次见诸报端。

在发展党员方面，广州电业局西村发电厂党支部在各项改革运动和生产运动中，先后吸收了一批先进职工入党，从而加强了党在生产战线上的领导作用和在完成生产任务上的监督保证作用。在局党委的统一领导下，党支部在结合生产和中心工作挑选积极分子，确定入党对象和积极分子名单后，有针对性开展培养教育。这个经验做法，还在1954年5月中共广州市

① 《中共广州电业局发电厂支部工作的转变》，《广州日报》1953年10月12、13日。

委组织部召开的建党工作座谈会上被推广[①]。

曾志重视发挥工会、青年团组织的作用，号召党、团员要做模范的工会会员，自动自觉地积极参加工会工作，明确依靠党员做好工会工作就是做好党的工作的一部分，并教育兼做工会委员的行政干部，不应只看到自己行政任务一面，更应该重视发动群众去完成生产任务。由于支部的支持，工会工作开始活跃起来。

如今，广州供电局有基层党组织225个，党员3740人。广州供电局以全面管理夯实基本组织，以全员管理建强基本队伍，以全程管理筑牢基本制度，运用多工具方法促进党建与生产经营的深度融合，将党建价值创造转化成企业鲜活的生产力。

党员作表率，是标杆，也是榜样。

创造了43年“零返修”纪录的变电检修专业“泰斗”梁少川；连续10年“零差错”启动百余座变电站的“中央企业劳动模范”陈志聪；随叫随到为村民解决家庭用电问题的“电保姆”张炳辉；带领团队成功研制国内首台110千伏植物油变压器的黄青丹；“零事故、零差错、零投诉”完成上千次保供电任务的王志文……他们，不仅是广州电力人的符号，也是这座城市的骄傲。

党支部就是要发挥战斗堡垒作用，解决问题。全面推行“一局一党委、一所一支部、班站有小组、支部进项目”，在国家“十三五”规划的重点工程——乌东德交流配套工程（广州段）上成立临时党支部，将重点

① 《中共广州市委组织部召开建党工作座谈会检查布置第二季度建党工作》，《广州日报》1954年5月17日。

难点工程——广州黄埔区通用电气（GE）生物科技园首期项目工程确立为“书记项目”，打造出“红色网格”党员突击队及服务队等一批解决用户实际需求的服务品牌。

在广州供电人心中，供电服务品质的提升归根到底是靠“内功”。党建领航企业高质量发展就是广州供电局更好满足人民美好生活需要的“内功”[①]。

二、激扬巾帼力量，守护万家灯火

新中国成立前，在闽东苏区，曾志与其他男性领导相约开展工作竞赛，结果她所分工负责的分田运动和东区工作取得有目共睹的成绩，为大家公认和折服；抗日胜利前夕，她主动请缨前往沦陷区打游击。新中国成立后，曾志曾担任中南局工业部副部长，并兼任广州电业党委书记、局长，广州市委书记等职务。她以不让须眉的果敢，从容指挥这支庞大的工人大军；又以女性特有的细腻，精心描绘这座轻工业城市的美好蓝图。

1953年广州市第一届人民代表大会第一次会议女代表座谈会上，曾志说：“解放前妇女参加政权的真是凤毛麟角，即使有极少数的妇女参加也是点缀而已，现在我们全市三百多名人民代表中，女代表占了七十多名，我们不单代表着妇女而且代表了全市人民，这是党和人民给我们的光荣。”[②]

① 《奋斗百年路　启航新征程　亲历者：曾志》，《南方电网报》2021年3月2日。

② 《市民主妇女联合会邀请市人民代表大会女代表座谈参加市人民代表大会会议的感想》，《广州日报》1954年8月4日。

曾志在革命和建设生涯中彰显的“巾帼不让须眉”的精神品质，一直在广州电力薪火相传。

20世纪70年代，广州供电公司成立了全国第一个“三八”女子带电作业班，书写中国带电作业史上的巾帼故事，将这种传统延续发扬。女同志们学习带电作业技能，行走云山珠水，上铁塔、修线路、战电弧，为工农业生产和千家万户守护光明。1972年，她们的事迹被写入广州市初中三年级的语文课本，林玉明等人成为千千万万青少年学习的榜样。1973年，设在广州的珠江电影制片厂拍摄了以女子带电作业班为题材的彩色纪录片

>> 20世纪70年代，广州供电局“三八”带电作业班的女工们在棠下变电站外的220千伏铁塔前

《飒爽英姿女电工》，记录“三八”带电作业班的女电工们从事带电作业的历史镜头。纪录片后来在1974年被送到联合国大会上放映，向全世界展示了中国妇女的精气神，扩大了中国的影响力。电影中冒着生命危险爬上铁塔的女电工让观众感到震撼。该片中的主题歌：“男人干的活女人也能干，电光闪闪亮，弧光飞流星。英姿飒爽女电工，壮志凌云震长空……登铁塔，爬云梯；顶在清烈日，战恶风。织出银线化彩虹。”这豪气冲天的旋律真实反映了那段激情燃烧的岁月。在2021年国务院、国资委联合中央电视台共同推出的百集微纪录片《信物百年》中，以中央企业为代表的100家国有企业主要负责人讲述红色信物背后的动人故事。代表南方电网公司向全国人民展示的，就是《“三八”带电作业班》彩色纪录片的脚本。

>> 广州供电局“三八”带电作业班女工工作照

改革开放以来，电网工作方式也发生了巨变。2018年，广州供电局组建了一支由90后高学历女员工组成的“巾帼无人机飞行队”，团队取名“巾帼”，寓意对优秀前辈精神的传承。该队伍运用无人机开展高压线路巡视和故障查找，保卫电网安全，用行动证明输电线路巡查这项“技术活”女生也能胜任。2018年8月7日晚，雷暴雨突袭广州市增城地区，造成110千伏庙朱线、宁庙甲线先后跳闸停运。巾帼无人机飞行队受命出征，1小时不到，就精确锁定了四处雷击故障点。“谁说女子不如男”“英姿飒爽”，巾帼无人机飞行队“成军”并高质量完成任务的消息一传开，便引起了热议，员工们纷纷点赞。

虽然工作方式发生了改变，但是电网女工独立、自强的精神，团队对优秀前辈精神的传承，电网人服务人民、点亮万家灯火的初心却始终不变。

三、传承红色基因，构建文化载体

曾志同志给广州电业局留下的宝贵财富还有很多。

她高度重视安全生产工作，在广州电业局任职期间的许多安全生产的举措，都以蓬勃的生命力沿用至今，对广州电力乃至整个南方的电力工业的安全生产工作产生着深远的影响。今天，安全生产仍是南方电网公司的第一生命线，“一切事故都可以预防”的安全理念深入人心。近年来，南方电网公司持之以恒保安全、守底线，完善安全生产责任落实与追究机制，推进各领域安全生产管理及监督职责落地落细，确保了五省区电网安全稳定运行和电力可靠供应。

她鼓励职工学习文化知识，为职工提升专业技术水平创造条件，不遗余力为电力行业培养新生力量。近年来，南方电网公司秉持人才是企业第一资源、第一资本、第一推动力的思想，优化专业技术、技能人才管理，完善人才发展通道，大力推进自主创新，全体员工素质文明达到新高度。2019年5月，中央企业第一家“工匠大学”——南网工匠大学在广州供电局清河培训基地正式挂牌成立。南网工匠大学以培育工匠人才、弘扬工匠精神为着力点，为南方电网培养造就更多知识型、技能型、创新型员工，为创建具有全球竞争力的世界一流企业提供有力的人才支撑。

为了传承红色基因，发扬优良传统，南方电网公司不断丰富企业文化载体，加强员工爱党、爱国和爱企教育。2018年，广州供电局将老一辈电力工业建设者曾经的办公地点——华安楼按照“修旧如旧”的原则修缮改造成广州电力展示馆，将其作为员工理想信念教育基地，构筑南方电网人的精神家园。广州电力展示馆面积约5300平方米，生动展示了广东百年电力的历史，重点介绍了曾志同志等一批电力工业建设者的故事，让红色基因深植于企业文化。今天，它不仅是南方电网公司开展党史学习教育的重要阵地，也是“四个自信”体验式教学路线教学点、广州市新时代精神文明实践中心。在这里，广大党员干部和员工学习党史、学习老一辈电力工业建设者的事迹，将他们的精神一代代传承下去，让信仰的力量穿越时空，生生不息。

在中国共产党成立100周年之际，南方电网公司深入开展党史学习教育，挖掘红色故事，学习以曾志为代表的老一辈电力工业建设者的事迹和精神，并形成“六个一”特色成果（一堂党课、一次主题党日、一场红色故事会、一个专题展览、一本专题图书、一条专题片），引导广大干部员工不断提高政治判断力、政治领悟力、政治执行力，坚守“人民电业为人民”的初心和使命，把初心使命转化为锐意进取的精气神和埋头苦干的原动力，不断满足人民追求美好生活的电力需要，不断增强人民群众的获得感、幸福感和安全感。

红色基因代代传，人民电业为人民。

南方电网公司因改革而生，又因改革而兴，努力建设具有全球竞争力的世界一流企业。昆柳龙直流工程创下19项世界第一，扩大了我国在世界特高压领域的领先优势，彰显了南网人“胸怀大局、迎难而上、自立自强、勇攀高峰”的优良作风。2021年，广东电网公司全面推进全国最好2021，助力“十四五”开好局、起好步。广州供电局时刻立足发挥“创先引领、标杆示范”和“中心、窗口、标杆”的作用，始终走在高质量发展的最前列。

奋进新征程，建功新时代。南方电网人将坚持以习近平新时代中国特色社会主义思想为指导，深入学习贯彻党的十九届六中全会精神，大力弘扬伟大建党精神，自觉践行“人民电业为人民”的企业宗旨，不断开拓创新，在新起点上把电力先辈们开创的伟大事业不断推向前进！

附　录

曾志生平大事记

●1911年，生于湖南省宜章县一个清贫的知识分子家庭。

●1926年8月，考入湖南衡阳农民运动讲习所，同年10月加入中国共产党。

●1928年4月，上井冈山，历任红四军后方总医院党总支书记，红四军组织科干事，红四军前委工农运动委员会民运股股长、妇女组组长，参加了著名的“黄洋界保卫战”。

●1929年12月，作为闽西团特委书记列席古田会议。

●1930年6月起，先后担任厦门、福州中心市委秘书长，闽南特委组织部部长，福安中心县委委员，闽东特委组织部部长，福霞中心县委书记。

●1937年9月，先后任湖北临时省委妇委书记、汤池农村合作训练班党支部书记兼教员。

●1938年10月，任荆门、当阳、远安中心县委书记。

●1939年12月，赴延安马列学院学习。

●1940年秋，任中共中央妇女运动委员会秘书长。

●抗日战争胜利后，先后任沈阳市委委员，铁西区委书记，辽吉省委委员，辽吉一地委副书记、五地委副书记，沈阳市委常委、职工部部长，沈阳市工会、妇联筹备处主任。

●1949年5月后，先后任武汉市军管会物资接管部副部长、中南军政委员会委员。

●1952年10月至1955年2月，任中南局工业部副部长（1953年1月卸任）兼广州电业局首任党委书记、局长，在任2年4个月。

●1954年至1966年，先后任广州市委书记，广东省委委员、常委、书记处候补书记等职。

●1977年12月至1983年7月，任中共中央组织部副部长。在党的十二大上，当选为中共中央顾问委员会委员，并任中共中央顾问委员会临时党委副书记。

●曾志同志是中国共产党七大候补代表，中共八大、十二大、十三大、十四大代表，十五大特邀代表；并当选为第一届全国人大代表，第三、四、五届全国人大常委会委员。

●1998年6月21日，于北京逝世，享年87岁。

如何发动群众制订生产计划[①]

曾 志

第一，树立计划思想。

发动群众制订生产计划，首先要求工厂各级干部应重视计划，明确国家计划就是法律，树立起运用计划来管理工厂的思想。譬如广州电业局发电厂虽然经过去冬今春两季制订了计划，然而在这次复查春季计划中，可以看出不少领导干部，对为什么计划就是法律，为什么要运用计划来管理工厂仍然认识不十分清楚；因此制订计划时不够深思熟虑，不够认真负责，存在着上级既然决定要制订计划，就订一下的思想；缺乏从本单位实际需要出发，并结合主观力量，经过慎重细致的研究。同时表现在贯彻执行计划中，发现了：（1）计划有些地方订得过高：如调整劳动组织配备四套干部，只是笼统提出，没有计划在春季应作到那些准备工作，结果不可能实现；（2）计划有些又

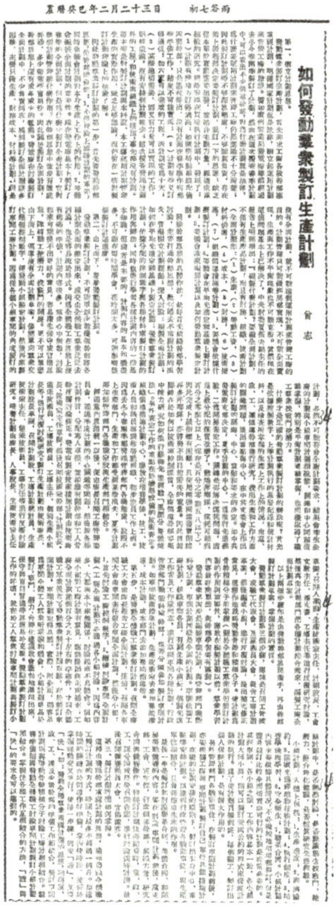

農曆癸巳年二月二十三日 初七穀雨

如何發動羣衆製訂生產計劃

曾志

① 摘编自《广州日报》1953年4月6日。

订得过低：如六天可以完成的工程，而计划定为十天；（3）某些迫切需要，而又有力量可以实现的工作，则被遗漏，没有安排到计划里去；这次复查发现计划外的工程，和技术与组织上的措施，事先都没有计划。这主要是对制订计划与本科股、本工场运用计划管理生产的实际作用，缺乏足够认识，而停留在一些对制订计划理论上的抽象了解。

因此发动群众制订计划的第一步，首先要发动干部思想，使干部体会到：1.不仅理论上认识计划的重要，同时也体会计划对本身生产上工作上的作用；2.要体会编制全面计划的重要性。现在发电厂基本上制订了春季的全面计划，但是为什么要制订全面计划？它对整个计划管理起什么作用？在干部思想中并没有彻底弄通，多少带着些盲目性。因此关于制订全面计划，干部思想上还有或多或少的抵触。发电厂在讨论制订全面计划中，不少负责同志，感到制订全面计划诸多困难，主张只做生产、财务成本、材料等计划；但是没有全面计划，就不可能达到运用计划来管理工厂的目的。计划管理只可能做到局部实现，不可能全面实现，生产与工作不平衡现象也不可能克服。当然现在这个问题基本上已解决了，中央财委贾拓夫副主任的报告上明确指出："编制什么计划？要编全面计划，不仅有生产产品计划，而且有财务、组织、技术计划［全面计划即：（1）生产，（2）劳动工资，（3）材料供应，（4）成本，（5）财务，（6）技术措施，（7）组织领导措施等计划］；3.要体会依据什么制订计划；4.要体会在平均先进定额基础上制订计划；5.要体会谁来编制计划以及如何发动群众制定计划。

发动干部思想的具体做法，最好首先组织干部学习讨论，主要打通干部思想，分析过去不重视计划的损失，普遍树立计划观点；深入讨论：编制全面计划；如何在平均先进定额基础上制定计划；发动群众制订计划；依据分配的控制数字与各种材料来制订计划的作用与办法；同时也进行学习各种计划内容的一些基本知识，但前者是主要的，计划内容的基本知识很多，不可能在短时间学会，花时间太多，可能影响整个制订计划进度。

第二，由上而下，层层发动制订计划。

发动群众制订计划，不可能单凭少数几个干部将各种计划全面的制定出来，或交由全体职工群众泛泛去讨论，也是容易流于形式。因为全体职工在思想上没有起码的准备，计划内容很多，群众心中无数，讨论起来可能提不出更好的意见，容易产生保守或冒进思想，阻碍职工挖潜力、找窍门的开展。更不可以单凭由下而上，领导没有全面计划草案，仅简单向群众交代几个控制数字，便发动小组制定计划，然后再来制订车间工厂计划。因为从各个小组车间的角度制订的计划，必然不可能符合全厂计划要求，结果会产生全厂的计划与小组车间计划相脱节，关键和中心问题很难掌握，特别是平衡计划更难掌握，也同样阻碍了职工群众找窍门挖潜力。

什么才是正确的发动群众制订计划的办法呢？首先是依据控制数字、上季计划执行的基层纪录和统计材料，以及检查所掌握的生产上工作上的情况，由党、政、工、团领导干部进行研究，找出生产和工作方面的关键问题，提出重点与中心，在中共支委会上作出制订计划的关键、中心、重点和要求的决定。如中共发电厂支部决定，夏季计划的中心，一为推行先进经验，二为开展查定工作。关键是要解决煤耗问题，因为上级分配的煤质改变了，燃烧萍乡煤，煤耗可能到百分之零点七以上（现在是百分之零点五八以下），因此完成上级指标有困难，且使用两机两炉发电则烧再多萍乡煤，亦将发不出目前需要的电量。因此目前关键在于如何以技术来控制煤质，全厂领导干部要集中精力研究如何推行苏联先进经验“风压分层燃烧法”。另外查定工作的重点在于机器设备的技术查定。组织领导措施计划中心，应放在培养学徒、技工、技术人员和职员与调整劳动组织、初步定员工作上面。因为去冬今春两季都发现管理部门各职能室股跟不上生产部门，生产和工作都受到某些损失，夏季计划要加强管理部门各职能室股与生产部门相结合。

经过党内思想统一以后，便由厂长召开工厂管理委员会，通过季度计划的中心关键等问题，然后按各种计划性质，分配专人草拟，并组织有关干部和工人骨干反复讨论修正。发电厂制定技术措施计划由技术厂长、技术室主任草拟，然后召开技术室干部、计划股长、值班技术员、工场技术员、工场主任、个别生产小组长等，进行反复讨论研究。制订生产计划由技术厂长、计划股长草拟，召开计划股、工场计划统计员、生产技术室主任、值班技术员、工场主任等进行反复讨论研究。培养计划由厂长、人事股长、生产技术室主任草拟，召开人事股、生产技术室主任、计划股长、工会文教主任、团支书、工场主任等进行反复研究讨论，然后再由计划部门把各种计划综合起来，编制工厂全面计划草案。

以上两个步骤即是由发动干部思想着手，再由干部制订计划草案，掌握计划的实质。

发动群众制订计划第三个步骤，应该是召开工管扩大会，或职工代表会，及党团员大会，报告工厂计划草案，然后编成小组，进行反复讨论，提出补充修正意见，这种做法就叫发动骨干和积极分子。使计划为骨干积极分子所掌握（关于全体职工群众学习制订计划的作用与重要性，应放在编制计划以前，群众学习内容最好简单些，与干部学习要有区别）。

发动群众第四步是编制车间计划，与管理部门职能科室计划，车间计划同样是全面的计划。车间依据工厂计划，组织车间各员，有关生产小组长，个别先进工作者及工作队同志，进行草拟车间各种计划，行政管理部门职能科室干部，也要分头参加制订车间计划。如车间技术措施计划，生产技术室去参加帮助指导，成本计划，成本部门去参加帮助指导等。

第五步，是发动全体职工群众制订计划。召开全厂职工大会由厂长报告工厂全面计划，接着，召开各车间大会由车间主任报告车间全面计划，然后分小组：1.首先讨论工厂控制数字；2.继续讨论车间全面计划（工厂全面计划不必通过各小组讨论，因为内容多，大都与本小组无关系，讨论起来不易体会。但如果小组对工厂计划有意见，应该提出修正或补充；工厂全面计划达到百分之九十左右的准确性，才向全体职工群众报告）。发动群众制订计划重点，在于制订车间计划，车间计划定得具体、实际，而全面，则容易为车间全体工人群众所掌握和体会，小组计划更易于制订，窍门、潜力、合理化建议就会蓬勃地涌现出来，保守与盲目冒进等思想易于克服。发动群众制订计划工作的好坏，就在于工人群众讨论车间计划与制订小组计划中，是否热烈讨论，是否动脑筋去找窍门、挖潜力、提合理化建议，是否认真研究先进经验。

小组计划，大体上包括：1.生产进度；2.经济节约；3.推广先进经验和技术计划；4.执行制度；5.培养学徒与学习；6.安全卫生；7.联系合同。小组计划内容主要根据具体情况，不必机械地项项都制订，但是尽量制订比较全面切实而可行的计划是非常必要的。某些车间，各小组之间，工作内容基本一致，各小组计划大同小异，则可以制订爱国公约的形式来保证计划的执行。为了使计划贯彻到底，每个职工，制订出个人保证计划，是有很大作用的。

另外管理部门各职能单位，在制订车间计划前后，亦要根据工厂与车间计划制订自己单位具体措施计划，在总的计划安排的原则下，制订出本身中心、重点等安排计划。以达到行政管理各职能单位，与生产单位相结合，且负起指导生产的作用。

最后一步是制订和讨论联系合同、集体合同、和开展劳动竞赛的内容。要在讨论车间计划前后，党支部、工会、青年团，行政领导干部，组织力量，研究合同与竞赛条件。待制订计划快要结束时，党、政、工、团分头或层层召开会议，进行讨论竞赛计划。最后召开竞赛动员大会，宣布竞赛。

第三，制订计划时间如何掌握。

这种由发动干部重视计划的思想，进而发动全体职工制订计划的方式，时间上最多不超过一个月。加速时间的关键在于领导作好准备，掌握住时间，并善于掌握运动交叉进行，使每一步骤，既要“透”，又要“快”，如：发动全体群众重视计划的思想，则与党、政、工、团及少数干部的准备工作相结合，制订车间计划则与发动骨干积极分子讨论工厂计划相结合。竞赛准备则与发动全体职工讨论车间计划制订小组计划相结合。掌握住各种工作互相结合的方法，“透”与“快”的要求是可以达到的。

广州电业局西村发电厂的安全生产工作[①]

曾 志

广州电业局西村发电厂近三年来的安全生产工作，经过不断的反事故斗争，先后取得了几次较长时间的安全纪录：

五一年三月六日——七月二十八日，安全运转一四四天；

五二年五月八日——八月十七日，无任何事故一〇二天；

五二年九月三十日——五三年一月八日，无任何事故一〇一天；

五二年五月八日——五三年三月三日，安全运转三〇〇天。

三〇〇天安全运转纪录继续到五三年六月十一日，刚达到四〇〇天的时候，因电气工场发生重要事故而中断了。

该厂从党、政、工、团领导到每一个职工群众，甚至职工家属，对于安全运转都是很关心和重视的。职工们都意识到：能安全，才能搞好生产和工作；能安全，才可降低成本，也只有安全，才能搞好生活福利。例如有一次面对工厂大门的安全运转纪录牌，有两块被大风吹倒地下，家属们一进门看不见这两块纪录牌，以为发生了重大事故，就急得跳起来。可以说，安全生产工作在电厂，已经成为全体职工日常生活中不可分割的一部分，是职工们经常最关怀的中心问题。

他们的安全工作，为什么得以逐步提高和巩固呢？我想主要是做了下列许多工作：

① 摘编自《广州日报》1953年7月22日。

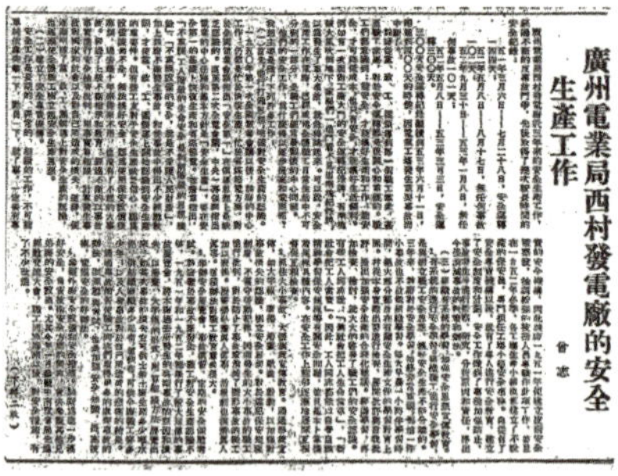
廣州電業局西村發電廠的安全生產工作

曾 志

廣州電業局西村發電廠的安全生產工作

曾 志

（一）首先，进行打通思想，明确对安全生产的认识

一九五〇年第一次全国电业会议以后，该厂的中心工作，仍然是忙于恢复生产，忙于省煤节电方面，对于全国电业会议指出“安全第一”在领导思想上是缺乏认识的。直至第二次全电会议，中央一再强调指出电业的中心任务和基本方针是“安全生产”，要在安全第一的基础上恢复生产和省煤节电。并着重指出，“不重视工人阶级的生命安全是剥削阶级的思想残余”，“不重视设备的安全，就是不爱护人民财产”，加上该厂不断发生事故，和从事故中得出不少经验教训，才使党、政、工、团领导上开始认识到安全生产的重要性。但有些工友对于安全生产缺乏信心，认为设备陈旧不全，无法搞好安全，认为使用保安设备很麻烦，过去几十年来从来不用，也没有了不起的大事故。经过了上级不断指示和教育，经过不断地以事故事实进行安全检查，用事

实算细账，计算发生事故对国家和社会以及对自己所造成的损失，这样，便逐渐明确了党、政、工、团领导上对安全生产的认识，也逐渐使全体职工树立起安全生产思想。

（二）建立了安全专责机构

安全工作是长期的、经常的、细致的工作，不可能单纯依靠突击一下，动员一下，就了事，一定要有专责的安全机构，因此该厂一九五一年便建立技术安全监察股，抽调较强的技术人员专职作此项工作，并且在一九五二年冬季，各工场生产小组也都建立了不脱产的保安员，专门担任工场小组安全事务。自从有了安全专责机构以后，就有了专人进行安全教育，建立了安全制度和计划，安全工作做到了事前加强防止，事故发生后进行监察，研究，分析原因和责任，提出今后消灭事故的对策和办法。

（三）组织有系统的学习，加强安全思想宣传教育

1.有系统的进行安全学习。组织职工进行安全学习，是与树立职工安全思想，搞好安全生产不能分离的。三年来，该厂对于安全学习，始终非常重视，哪怕一件小事故也不放松组织学习。每天早晨一小时半学习时间，绝大部分都放在有关安全生产文件的学习教育上面。并从本身实际出发进行检查，展开批评与自我批评，提出加强安全生产的合理化建议。经过学习，再加检查、检讨，就大大的启发了职工们的安全认识。有些工人同志说：“旧社会把工人生命当草”，“新社会把工人当宝”。因此，工人同志都能以自觉自愿精神学习保安规程等有关安全问

题，并且基本上掌握着规程具体内容。在安全工作上能够逐渐地展开互相督促互相检查。

2.抓住大小事故，大张旗鼓宣传教育。通过形象宣传，如大字报、广播，漫画、歌曲、戏剧，以加强对事故损失的认识，树立安全思想。对于违犯保安规程制度、不遵守劳动纪律，因而发生的大小事故的职工进行教育，对于防止了事故或消灭了隐形事故的职工加以表扬。漫画张贴着真人真事，活报剧也演着真人真事。这种办法对职工教育意义很大。

3.举办安全展览会，事故演习，定期的安全测验考试。该厂鉴于事故不断发生，职工对安全生产认识不够，一九五一年和一九五二年都举行了较大规模的事故展览会，将本厂过去所发生的典型事故的原因和损失，以漫画、大字报的形式，用算细账方法展览出来，如某次事故的损失它可供士敏土厂生产多少吨水泥，供纺织厂织多少疋（匹）布，这些布，可供全厂职工穿多少年；以及人身事故对于自己所造成的悲痛的结果。

通过事故演习使职工同志们取得更多的处理事故的办法，而测验与考试，也是加强安全知识，提高技术，巩固安全的好办法。

4.参观外厂安全设备和安全措施。该厂为进一步搞好安全，负责技术安全方面的同志，曾去参观其他兄弟厂的安全设施。尤其今年一月参观中南电业局先进经验交流大会，职工同志回来以后，对安全措施，有了不少改进。

（四）吸取事故教训，进行不断的改进

每次事故发生以后，党、政、工、团都及时召开有关人员进行讨

论，分析研究发生事故原因，找出防止对策，明确责任。比较典型的事故，则向全体职工作报告，组织讨论，要求职工进一步发现类似的问题，并想办法解决。如一号炉排顶巴，油渣泵发生故障，致燃油中断，汽压下降，造成事故，取消了七十七天无事故纪录，同志们接受这一教训后，便建立了定期检查炉巴制度，因而消灭了不少事故。又如当并机事故发生以后，在集体讨论中改善了并机合闸，装置同步仪，和差动继电器，保护系统上的平衡电阻，校准了汽轮机调速器，因而并车时间由最初二十多分钟减少至五分钟以下，不但保证了安全，也收到了经济上的效果。该厂不但吸取本厂事故教训改进安全工作，同样也吸取兄弟厂事故教训，对于兄弟厂发生事故，都以本厂事故一样看待，组织职工讨论，联系本单位进行检查，如有类似的现象，就研究对策，加以改进。

（五）贯彻安全规程制度

该厂一九五一年就实行了保安规程，运行规程，值班规程，交接班制度等，因而对消除事故，起了显著作用。

实行交接班卡片制。"三反"运动中部分职工怕负责任的思想非常浓厚，事故发生以后互相推诿责任。有的值长遇到机器有些不正常的时候，叫工友不要声张，企图混过，将班交接了事。针对这种情况，为了明确责任，订出了分工交接卡片制度。

建立了科学巡回检查制。去年冬季，在勤走、勤看、勤检查的"三勤"基础上，以汽机工场关永昌小组重点推行科学巡回检查制，使每样机件，根据不同情况分为"十五分钟""半点钟""一点钟"巡回检查。目前机、炉、电三个工场都全面推行了科学巡回检查制。由于这一制度推行，减少了很多事故，并且每个月都能发现出许多次隐形事故而加以消灭，避免了事故发生。

推行了工作票制。工作票制，是很重要的生产指挥责任制的一种。去冬首先在电气工场重点推行，效果良好，因为有了工作票制，检修运转责任分明，工作内容明确，有时间，有内容，有负责人签名，便于今后检查。同时对于安全质量也起着相当作用。

推行了操作票制。首先由汽机工场重点推行，现在，电气、锅炉车间也已重点推行了。

推行车间通行规程，和维护运行人员每周共同检查一次的办法。职工们对车间通行规程执行很认真严格，毫不讲情面。除了规程上规定了局、厂长、党委书记、工会主席入车间不办手续以外，任何人入车间，工人同志都严格掌握制度。

推行科学安全运行法。今年（五月一日）开始又以汽机工场关永昌小组重点推行科学安全运行法，取得经验以后，现在汽机工场各小组从七月一日开始也全面推行了。

建立了安全运转纪录制。该厂一九五一年起，就开始建立安全运转纪录制度，每一个工场、每一个生产小组，都在本工场很显目的地方，挂着安全运转纪录多少天的数字。全厂的安全运转纪录牌是建筑在面对大门的通道上，使每个职工同志一进厂门首先就看到了安全运转的天数。这种安全运转纪录牌制度，是巩固安全运转的重要环节，它已经成为职工同志们努力奋斗的一致目标，起着很大的鼓舞作用。

定期检修验收和试验制度。该厂机、炉、电三个工场都按照中央规定，实行定期检修。每次检修前，检修过程中，和检修以后，党、政、工、团都集中力量来进行这一工作。如准备检修计划的时候，发动群众找毛病找缺点，提出改进办法，以充实检修计划的准确性。并发动群众再三讨论检修计划，保证检修质量，在保证质量的基础上求“快”和“节约”。检修后，同样亦经过群众讨论，总结检修经验教训。在检修中采取分段验收办法，这种验收办法可以发现某一件小工种有不合质量规格时，及时得到改正，避免较大的返工浪费。领导上把定期的检修工作，看成为安全和经济运转的中心一环。

（六）改进安全组织设备，增添安全与劳动保护用品

该厂为了消除设备上的漏洞，经全体职工努力，并与技术人员相结合，三年来安全设备有了很大改进，如在电气方面，为了防止外线发生故障时，不致危及发电机，改成中性接地。又并车运行时，油开关断流容量不够，加装了一套联络开关，并且调整和统一校准了发供电设备的继电器保护装置，避免了因外线故障而引起厂内马达掉闸事故。其他在锅炉方面、汽机方面、电气设备方面都采取了不少改善设备的措施。

调整劳动组织。从今年夏季开始，机、炉、电运转值班工友，由三班半制改为四班制。他们每工作六天便休息一天，工作十二天有一整天的学习时间。生产时间，白天九小时半，上半夜七小时半，下半夜七小时，与过去实行三班制，生产时间达十几小时的情况来对照，则减轻得多了。

增添安全劳动保护用具。该厂备有全套防火设备，并有防水防雷设备。在绝缘方面备有橡皮手套、橡皮靴鞋。在温度很高的锅炉中检修则穿上石棉衣、裤、石棉手套，和石棉鞋套，还有硬壳帽。在比较危险场

所做工，则系安全皮带。炉房工友看火戴保护色眼镜；出灰工友戴帆布手套穿半统皮鞋；抬煤工友发雨衣胶靴。每个工友都发工作服，棉纱手套口罩等。并专为运转值班工友建筑了值班宿舍。最近又建筑好了工人休息室，使工余后有充分休息，消除疲劳。并且组织医生下车间，为工友同志治病。安全劳动保护工作做好，就使职工同志们身心愉快，工作效率也大大提高，安全也就更有了保障。

（七）开展安全竞赛，巩固安全运转

去年九月该厂开始与大冶狮子山兄弟厂展开厂际安全运转竞赛，双方在中南电管局领导下签订了安全运转竞赛条约。该厂达到四百天安全纪录，这次厂际竞赛是起了很大的推动作用。从四月一号起又继续展开了厂际安全竞赛。

该厂为巩固安全运转纪录，为巩固厂际安全运转竞赛的优胜，春季开始实行了反小事故的内部竞赛。反小事故竞赛分为各工场小组之间的机、炉、电每值的、和各工场之间的三种竞赛形式。拟定了内部无事故规程，各工场的生产小组、各值，以及各工场都根据各自的规程开展安全竞赛。

这种厂际竞赛，和反小事故竞赛的结果，使反事故的斗争力量坚强了，安全运转，生产质量和劳动纪律也加强起来了。

（八）实行安全奖励制度

该厂一九五一年就开始了安全奖励制度，按中央安全奖励制度的规定，凡属安全运转纪录越高，所得到奖励越多。如最近新修改的中央安

全奖励制度规定长期的安全运转不发生事故，则厂长可得工资基金百分之八十的安全奖，值班运转工友可得工资基金百分之四十安全奖；但如发生重要事故，这些安全奖就停止了，今后的安全奖金就要从零天计算起。这种奖励制度，使国家利益和个人利益，紧密的结合。它更大的刺激着职工们搞好安全的热忱和积极性。

此外还有反小事故竞赛奖，和消灭重大的隐形事故，或对重大事故处理恰当因而防止了事故扩展的奖励。

（九）存在的问题

该厂的安全工作仅只能说有了一些基础，而绝不是一切安全工作都很好了。存在的问题还很多：

1.事故未能完全消灭，六月份三天中接连发生两次重要事故：一次为非责任重要事故，一次为责任重要事故。小事故很多，五月份一个月统计，总共发生了七十三件小事故。

2.安全教育不够，今年内职工情况起了变化，旧的职工调走许多，增加了三分之一以上的新青工，他们都没有受过任何安全教育，但是领导上没有根据这种情况定出适当的安全教育办法，因而小事故的发生，很多都是青工不懂安全规程，和不了解劳动纪律所造成。

3.国家利益与个人利益的结合上有毛病。有的职工对于安全运转光着重在个人利益打算，如这次发生事故时，有些职工关心的是“奖金没有了”“家庭生活费减少了”“多少斤腊肠不见了”“肥鸡飞了”等等。

4.有的职工错误地把劳动保护用品，看作福利待遇。出灰工友发了皮鞋，抬煤工友发了雨衣雨鞋，有的职工也就要求照样发。

5.劳动纪律有些松懈，开会迟到，上班打瞌睡，未下班洗澡，甚至有个别青工去商业舞厅跳舞等现象。

6.操作上尚存在一些互相不一致的情况。

7.检修质量上尚不能完全够标准，验收工作不够严格。未能严格实行分段验收制，致检修后，有些地方很快又发生小毛病。

8.有些材料供应不合质量规格，如锅炉中级砖，差不多每星期停炉修理，既影响设备安全，又妨碍着人身健康，同时又增加着煤耗。

9.领导上对安全，只是一般的重视而缺少安全方面的许多有效的措施办法，往往发生了事故才设法研究对策，不能作到有预见性的从根本上去进行许多安全设施。譬如检修工作前找缺点作计划限于一般化不能认真细致研究，如何趁检修时期进行设备改进，以提高安全和经济运转。

10.摆在目前存在最大的问题，是三年来设备上的安全方面，能看得到想得到的，比较容易的，差不多都做了，而潜伏在设备内的想不到看不见的事故还严重地威胁着。这种潜伏着的事故如发生，多可能是较重要事故，只有依靠提高职工与技术人员技术水平，才能更进一步消灭事故，才能进一步保证安全。因此如何进一步提高职工技术和技术人员技术水平是目前要设法解决的问题。

11.由于该厂安全确实有些收获，因而产生一种自满情绪，作风上不够虚心，优胜的时候喜气洋洋，发生事故的时候，互相埋怨，不大愿意诚恳的虚心检讨，如这次四百天安全运转前夜发生了重要事故，有的职工因而降低了重新争取五百天安全运转信心，情绪低落，工作松懈，三天内发生小事故几达三十件。

以上这些问题，都须要更大努力，尤其是党、政、工、团需要着重地加强安全运转领导，力求逐步解决这些存在的问题。

在西村发电厂的发言记录

曾　志

发言记录一[①]

先讨论任务接着节约的办法，其次是想办法法学好先进经验，节约要看是何部门负责人是谁，这样对我们将来评成绩也很方便，第二是安全问题，第三是劳动组织和制度，最后是修建计划。开始讨论工厂的计划，礼拜二以后是讨论小组计划，本身的问题要讨论，对别的单位的要求也要提出讨论，各工场对进度安排要分别先摆列出来，然后就分工，这对我们设检查工作就好办。计划油印出来每组发给一份。

目前是订计划的紧要时期，大家要很好地集中力量发动组织群众做好订计划的工作，计划做得好对我们领导干部有很大的好处，有计划就能按章办事，使工作不会乱，大家对目前订的计划不要满足，要深入的想办法去搞好。

宣传鼓动表扬的问题是很重要，前一个时期是着重鼓动宣传生产改革的意义，目前是要握住实际例子与事实马上提出表扬，对错误思想要大力批评，主要是帮助与启发使他觉悟过来。文教部门要每天开一次会议，时间不要太长，搜集每天的情况，对工作进行布置与展开。

思想问题要及时掌握，我同意高厂长的意见，燃料工场在目前讨论劳动组织问题，要把计划多讨论几次，越讨论得多，就会露出更多的问

① 摘自1952年11月7日西村发电厂厂务会议记录。

题来，运行部门讨论计划时工场主任要参加，对好的也要提出表扬，做计划的重要性一定要使每个人认识清楚，在礼拜六要订出小组计划与爱国公约。

发言记录二[①]

这次机炉电都有检修，我们计划也做了，希望各工场都要好好研究，如何去想办法去保证安全的完成这个任务，汽机方面要保证安全，电气要保证检查好，要多开大小会议研究这一修机修炉工作。

（一）大家研究得好，我们的计划是可能要修改。

（二）行政受理部门要分头研究自己本身面向生产理应接好这一工作。各单位的行动计划做好后要总结起来。

（三）工会。青年团要大力围绕这一工作很快很好的动起来，党政工团都要做出计划，七月份的工作做好了，我们以后就好办。

（四）目前的问题：煤耗任务的完成，各单位各级主管要很好的组织研究想办法，找窍门，陈兆雄要多想办法，修理工场的修理工作紧要的与不紧要的要与生技主管联系，不要和各工场争吵。

从明天起，党政工团，特别是工会、各工场、股室就要很快很好的动起来，分头研究这一工作。

① 摘自1953年6月21日西村发电厂厂务会议记录。

广州电业局发电厂党支部怎样进行安全生产中的宣传教育工作[①]

广州电业局发电厂　李应高

广州电业局发电厂的安全生产运动是有成绩的，从去年五月八日开始到今天（三月二十四日）止，已安全运转三百二十天，保持了对本市不间断的供电。

发电厂党支部通过宣传网及工会文教委员会在全体职工中认真进行了安全生产的宣传教育工作，对保证安全运转起了一定的作用。

在运动初期，职工中存在怕负责任的思想。如值长萧棣铨，当他那一班出了事故时，便“分派”责任：“甲负百分之几责任，乙负百分之几责任，我只负百分之十……”；值长李秀发现凝结水泵操纵不灵，却不想办法检修，说：“尽量小心保持到下一班吧”；有些职工当自已不当值时出了事故便说：“好在不是我当值”，有“上班一身紧下班一身松”的感觉；有些职工更存在“小事故不要紧大事故不可避免”的错误想法。党支部针对这些思想情况，动员一切宣传力量，举行了“反事故宣传周”，对职工进行一次广泛而深入的宣传教育。除了通过广播站、大字报、黑板报等文字和口头宣传方式进行宣传教育外，还配合行政举办“反事故展览会”和“反事故文娱晚会”，把一些典型事故和错误思想制成连环画、编成戏曲公开展览、演唱；又用图片及比例数字，说明发电厂少发一分钟电对全市生产影响的巨大，给职工们一个很深刻的教

① 摘编自《广州日报》1953年3月30日。

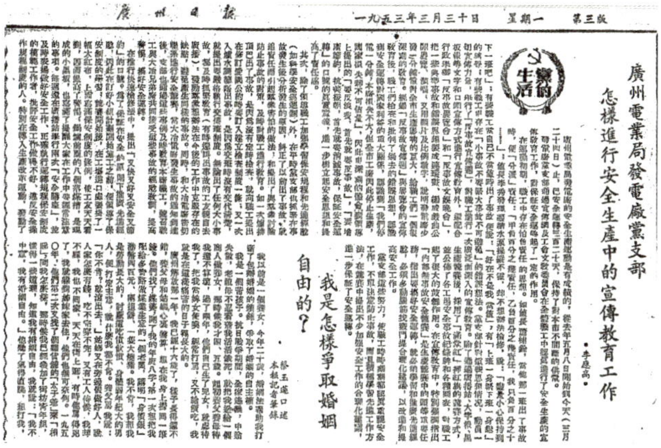

育。经过“反事故宣传周”与展览会的宣传教育后，职工们检查和分析了过去的错误思想，认识到安全运转对国家利益的重大关系，认识到“我们停电一分钟，本厂损失不大，但全市工厂因此停止生产，国家损失却不可估量”，因此更深刻的体会到领导上提出的“要反浪费，首先就要反事故”，“要增产节约，抗美援朝，首先就要消灭事故，保证安全运转”的口号的真实意义，进一步树立起安全思想和提高了责任感。

其次，除了领导职工加强学习保安规程和先进经验（如科学安全巡回制）外，在平时党支部也抓紧在事故发生后分析发生的原因，纠正了以前出了事故，就追责任而引起群众害怕的做法，和提出了与群众讨论防止事故的对策，及时对职工进行教育。如一次炉排顶巴出了事故，是因为没有定时检查，就向职工提出在修订爱国公约时要订入建立检查制度一条；又一次入炉水调节出事故，是因为交班时没有交代清楚，就提出要严格执行交接班制度。无论出了任何大小事故，都及时抓紧教育（有时还叫出事故的工友亲自去广播），发动群众想办法在今后的工作中克服存在的缺点，避免产生同样的事故。同时，和大冶电厂密切联系进行安全竞赛，当大冶电厂发生事故的通知到达后，支部也通过这些事例及时教育本厂职工，号召职工与大冶兄弟厂共同接受这些事故的经验教训，提高警惕，搞好安全运转。

在推行快速检修法中，提出“又快又好又安全又节约”的口号。为了保证在安全的原则下推广先进经验，因此在订好小组计划开始施工之前，便领导了保安制度的学习；竞赛开始后，在工场进口处张挂了一幅大红布，上面写满保安制度的条例，使工友天天看到，因而提高了警惕；锅炉前面的八个落煤槽，是现成的小黑板，也写满了提醒大家在工作中要经常注意的事项。每周还在广播站举行两次“安全讲座”，并及时表扬做好安全工作、正确执行运转规程保安制度的模范工作者，批评安全工作做得不好、违反安全操作规程制度的人。特别在转入生产改革运动，发动了生产竞赛后，采用了“满堂红”插红旗的竞赛方式，并公布了各工场安全事故纪录牌和各种图表，对职工起了很大的鼓舞作用。在宣传教育中，特别强调指出“内部无事故安全竞赛”是生产竞赛中的头等重要任务，指出要搞好安全运转，就必须学习和推广先进经验，必须多动脑筋找窍门提合理化建议，以改进和提高安全工作。

党支部这些努力，使职工时时刻刻都认真重视安全工作，不单注意防止事故，而且积极学习先进工作方法，在竞赛中提出不少加强安全工作的合理化建议，进一步保证了安全运转。

广州电业局发电厂怎样推广先进经验[①]

市总工会产联办公室　曾　流

广州电业局发电厂，自去年冬天进行生产改革以来，领导思想上就认识到推广先进经验是完成和超额完成国家生产计划的关键，是生产改革中的主要内容之一。因此在生产改革运动开始时，就有计划地开展推广先进经验工作。至目前为止，他们在生产与经营管理方面，推广了十余种先进经验。如应用在机、炉、电方面的快速检修法、科学巡回制度和锅炉的污水吹灰法；经营管理方面的本票制度，以及本局职工提出的装验合一工作法等。通过这些先进经验的推广，对于生产计划的完成及经营管理工作方面的改进，均起了重大作用，主要表现在：

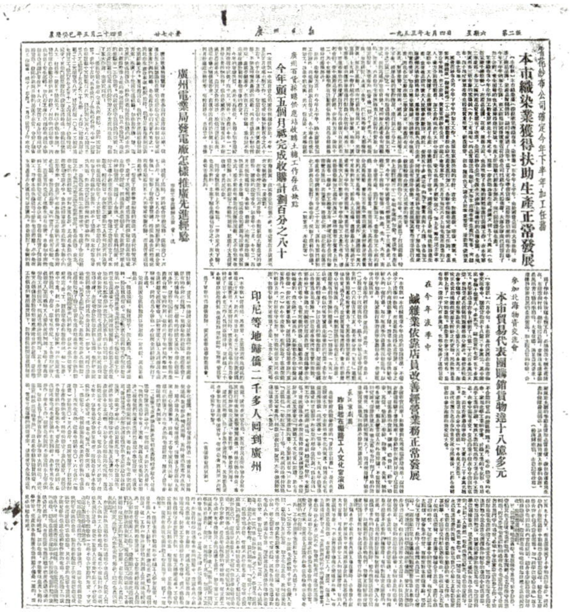
本市織染業獲得扶助生產正常發展

廣州電業局發電廠怎樣推廣先進經驗

今年頭五個月祇完成收購計劃百分之六十

本市貿易代表團購銷貨物達十八億多元

鹹雜業依靠店員改善經營業務正常發展

印尼等地歸僑二千多人回到廣州

一、提高劳动生产率完成生产指标，节约国家财富。去年十月

① 摘编自《广州日报》1953年7月4日。

初，由于进行了快速检修法，小修一号炉由原计划十天缩短为六天，将计划需四七八工减为三三八工。节约了百分之二十九点二。大修二号炉由原计划二十二天缩短为八天，将计划需一〇九一工减少为七四三工，节约百分之三十一。因为缩短了检修时间，减少了五仙门煤耗较高的机炉运转时间，节约煤值和人工、材料等一亿五千余万元。科学巡回检查制，在发电厂已由点发展到面。并做了科学的编制安排，因此加强了安全运转。如汽机工场在巡回检查过程中两个月发现隐形事故三十六次；电器工场及时发现变流器发热，喂煤机与鼓风机的马达不正常，分清了职责与工作轻重，减少了事故。一月份推行了污水吹灰法，减低了煤耗，同时配合新机运转，煤耗由〇·六七公斤，曾降至〇·五八公斤。采用苏联的“组合安装法”，安装了新透平发电机，时间由过去经验规定四个月缩短到五十八天完成安装任务，而且质量达到最高标准。

二、促进了经营管理制度的改进。过去材料管理不善，造成了浪费积压，成为推行经济核算制与车间成本的很大障碍，经过推行本票制度，克服经营管理上的被动情况，消灭了小仓库，建立了领退料制度。同时工场小组能掌握自己家底，使职工普遍树立了成本观念，精打细算。如修配工场的工人单利用旧料及零碎料就为国家节省了大量财富，不单节约了材料，同时加强了采购的计划性，减少了积压，成本核算也更为正确，对于实行计划管理起着重要的作用。

三、提高领导与职工的思想水平，重视了合理化建议工作。他们开始推广先进经验时，都是苏联、东北、华北的先进经验。而对本区各厂，尤其是本局的先进经验则重视不够。由于这种重远不重近和重大轻小的思想存在，解放三年来该局职工所提的三百多条合理化建议，未能及时处理，有的实行了也没有总结、推广，甚至有的受到了奖励也没有推广。自参加中南燃料工业先进经验交流大会以后，启发与教育了领导与职工，发觉本局也蕴藏着一些的先进经验，不少是在本局甚至在全区也可以推广的。于是制订了全厂的推广计划，并且一面抽调主要技术与管理干部研究处理原有的合理化建议，一面搜集新的建议，这样启发了职工的积极性，仅二个月的时间又提出合理化建议一百多件，这些建议经总结处理和推广后，对今后的生产将会起一定的作用；并于四月下旬在局内举办一次先进经验交流展览会，以教育广大职工及鼓舞其生产积极性，同时也为今后进一步推广先进经验工作打下了基础。

电厂推广先进经验所以能取得一定成绩，其主要经验是：

一、领导重视，亲自动手，深入群众，具体解决困难，提高群众信心。这是推广先进经验工作开始很重要的一步。因为推广先进经验工作，不仅是技术工作，而且也是群众工作，比较复杂困难，若领导上不能帮助干部与群众解决思想上技术上的具体问题，推广就会流于形式。电厂推广先进经验之所以能够比较顺利并取得成绩，主要是由于领导思想上重视，他们把推广先进经验的工作列为生产计划的一部分，同时于推广过程中，领导上能深入车间，帮助群众解决具体问题，这样就鼓舞了职工学习先进经验与完成生产任务的积极性。如“快速检修法”的经验，就是在党的领导下，组成党、政、工、团推广先进经验指挥部，统一思想，集中力量，统一步调的条件下推广的。并在推广先进经验过程中，厂长、党支部书记、工会主席和技术人员能深入车间帮助工人解决技术问题，及时了解与掌握职工思想情况。例如为解决煤耗问题，党支部书记整天在锅炉房发动干部与群众提合理化建议，这样职工在领导的帮助与鼓舞下，对降低煤耗问题就积极提合理化建议，经讨论研究后并得出一致意见是：要降低煤耗就要解决积灰问题，当时提出推广污水吹灰法，虽不能马上为大家所接受，但领导上从政治上技术上耐心说服教育，厂长、工会主席亲自试验，结果顺利的推广了污水吹灰法的先进经验，解决了严重影响煤耗的积灰问题。

二、推广先进经验与解决当前生产关键相结合，这是电厂推广先进经验中的一个特点。正如曾志局长说："我们生产过程中有了困难，就靠推广先进经验来解决。"根据他们推广先进经验过程中事实证明，推广先进经验要有明确的目的性，要针对本厂生产关键问题，选择价值大、能解决薄弱环节的先进经验加以组织推广，效果才会大，否则盲目乱推，不分轻重缓急，将流于形式。根据电厂的生产特点及其重要性，其生产过程中基本关键，在于安全运转与降低煤耗，因为煤耗占成本百分之七十，电厂过去也曾为此尽了很大努力，但效果终不能满足要求，特别是去年冬季煤耗任务不能完成，为集中解决这个问题，党、政、工、团领导上，就组织与动员群众推行苏联的先进经验——污水吹灰法，结果使煤耗由〇·六七公斤（每度电）曾降至〇·五八公斤，为国家节省了财富保证了生产任务的完成。同时还稳定了蒸汽温度，保障透平发电机的寿命与安全。安全运转，在电厂来讲，是保证国家完成生产计划的主要关键。过去曾为安全生产作了很多工作，但都是个别的，不能从根本上解决问题。领导上为了在原有基础上争取更大的成绩，决定推广"科学巡回检查法"，以此来带动与联贯锅炉、汽机、电气三个运转的关键车间，这样使安全运转达到三百九十九天，而且还消灭了不少的隐形事故。同时他们在推广过程中能根据本厂实际情况，结合职工所提合理化建议灵活运用。如“科学巡回检查法”就是根据先进经验的内容与原则，结合本厂机器效能与劳动组织情况，带有创造性的把项目加以补充与缩减修改，使推广顺利进行。

三、选择重点，培养典型，克服保守思想，树立榜样，带动其他。推广先进经验的基本关键，是克服保守思想问题，因为推广先进经验的过程也是先进与保守，新与旧思想斗争的过程，必须十分注意政治思想工作，才能保证推广先进经验工作正常发展，电厂在推广各种先进经验中就是首先选择条件较好的车间小组为重点，培养取得经验后，以实例教育和推动其他。如推行科学巡回检查法，就是选择汽机工场关永昌小组为重点的，该组工人虽然一般政治觉悟较高，劳动态度较好，青工多，易接受新事物。但一开始就碰到小组长关永昌自满思想的抵触，他以为自己小组工友劳动态度较好，也能自动进行勤看勤走勤检的三查工作法，也算科学，不愿接受科学巡回检查法。后来领导上克服了他的自满情绪，并打通了积极分子思想，进行全组讨论的时候，又碰到群众中的保守情绪，有些人认为太麻烦，开会也不发言，有的反对本组做重点，要就全个工场实行。此时小组长关永昌就一面进行耐心解释，一面就举电气工场砺磁开关烧毁发生重大事故的例子，来说明实行科学巡回法的优点，使工友思想初步得到提高。但在试行过程中工友习惯上的抵抗情绪仍很严重，如有的忘记依时检查；有的未及时巡查，就索性不去巡查，感觉老是要看表，太麻烦；有的采取不出声不巡查的消极态度；有的对填表是应付的。至此，领导上就在讨论计划和执行过程中，深入小组组织群众性的批评与自我批评，结合个别谈话教育积极分子，以模范行动去影响他们，发挥互助精神使群众认识到要保证安全运转必须实行科学巡回检查法的道理。

从关永昌小组向整个汽机工场推广时，公布该小组执行计划，并将检查中发现隐形事故的具体事例进行大力宣传，可是又遇到部分工人的抵触情绪，有的人就讽刺地说："不如将透平机抱在怀里更科学。"有的说是领导找麻烦，有意束缚工人。这样，领导上一方面通过学习，另一方面则用试行中的实例教育群众，拿出凌仲小组在试行中即发现轴承温度突然高涨，避免了按以前工作法就必然会发生事故的生动事实，教育了群众，从思想上认识到科学巡回检查法是安全运转的有力保障。

四、工会在推广先进经验工作中的具体工作：

（1）电厂工作在推广先进经验中主要是深入车间，掌握职工思想情况，树立先进思想，批评落后和保守思想，组织与发动群众提合理化建议，培养典型小组，建立强有力的宣传组织，抓紧各种先进事迹和先进人物，通过大字报、漫画速写及广播站等办法报导出来，教育职工。特别是漫画宣传，工人最感兴趣，如有一幅内容是批评有些老工人不学习先进经验，当别人在学习时，自己则在想："咱当了十几年工，机器啥都清楚，管保不出什么事故，这分明是找麻烦"的漫画。看的人很多特别是老工人看了都认为是批评自己的，这样效果很大。宣传内容主要是表扬先进，因为表扬先进就是批评落后，这是鼓动大家向先进工作者学习，提高劳动热情的有效办法。但宣传工作必须在充分发挥民主的基础上进行，如对黄南山工友高处跌下铁铲，厂长、工会主席入车间忘记戴铁帽等都进行了批评，这就发扬了民主，加强了工友的警惕性与责任心。宣传工作还必须生动活泼与及时。在推行科学巡回检查法的过程中，当关永昌小组发现水泵漏水、杯士漏油、炭刷大花等隐形事故，即展开宣传，针对工友中怕麻烦不负责任，看不起检查制各种保守思想进行教育，使职工转变过来。工会的宣传鼓动工作在鼓舞先进、教育落后，克服各种保守思想，从而使推广先进经验工作贯彻下去，起了一定作用。

（2）推广先进经验过程中组织工人学习技术，促使技术人员与工人结合，使推广先进经验工作顺利开展。这一工作在解决炉管积灰问题上表现得比较突出，当炉管积灰问题提出后，工会即组织技术人员深入车间与老技术工人结合，发动职工提合理化建议找窍门，把解决积灰问题，成为全体职工的要求。工会并适时地把工友的意见集中起来，召集技术人员与工人共同研究，推行了污水吹灰法，解决了障碍生产的积灰问题。

在推广科学巡回检查法的过程中也组织了技术人员深入小组和工人结合起来，关永昌小组执行科学巡回检查制的计划，就是在技术人员帮助下纠正了什么都订上，十五分钟检查一次等不切合实际的规定，才使巡回计划比较切合实际。

电厂推广先进经验工作告诉我们，推广先进经验是我们管理国营企业，动员与组织职工完成与超额完成国家生产计划的重要环节，只有不断的推广先进经验才能更好的促进企业经营管理的改进，提高职工的政治水平。所以说生产改革的过程，也是推广先进经验的过程，认为生产改革运动中不能推广先进经验的说法是片面的，只有从推广先进经验中把所暴露出来的生产管理上的缺点，加以改进，才能实现生产上的科学管理。生产改革与推广先进经验不仅是一致的，而且必须结合起来。

中共广州电业局发电厂支部工作的转变（一）[①]

秋　林

广州电业局发电厂党支部在生产改革运动展开以前，对支部工作的认识是模糊的。虽然在原则上知道工厂企业中党组织的任务是保证与监督生产任务的完成，但究竟怎样去保证与监督，则不大明确，以为只要通过少数党员在生产中发挥积极性，起带头骨干作用，并通过党员领导干部以行政首长身份对生产和行政任务实行保证监督就成了。因此，支部主要是搞一些日常党务工作，搞政治运动（在这方面取得了一定成

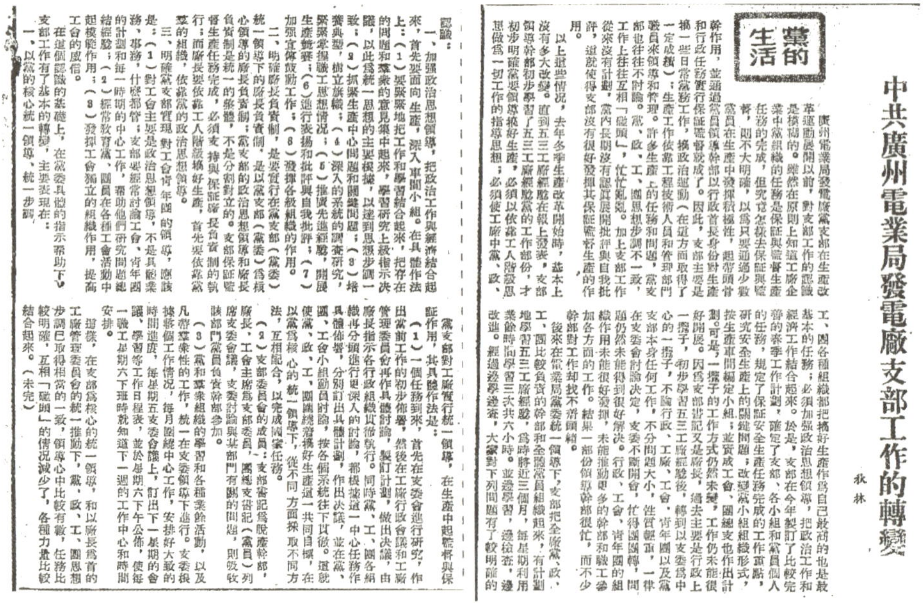

中共廣州電業局發電廠支部工作的轉變

秋林

黨的生活

廣州電業局發電廠黨支部在生產改革運動展開以前，對支部工作的認識是模糊的。雖然在原則上知道工廠企業中黨組織的任務是保証與監督生產任務的完成，但究竟怎樣去保証與監督，則不大明確，以為只要通過少數黨員在生產中發揮積極性，起帶頭骨幹作用，並通過黨員領導幹部以行政首長身份對生產和行政任務實行保証監督就成了。因此，支部主要是搞一些日常黨務工作，搞政治運動（在這方面取得了一定成績）；生產工作依靠工程技術人員和管理部門職員來領導和管理。許多生產上的任務和問題，黨支部也往往不討論。黨、政、工、團思想步調不一致，工作上往往互相「碰頭」，忙忙亂亂。加上支部工作從來沒有計劃，黨內長期沒有認真展開批評與自我批評，這就使得支部沒有很好發揮其保証監督生產的作用。

以上這些情況，去年冬季生產改革開始時，基本上沒有多大改變。直到五三工廠經驗在報上發表，支部領導幹部初步學習了五三工廠經驗黨的工作部份，才初步明確黨要領導搞好生產，必須以依靠工人階級思想做為一切工作的指導思想；必須使工廠中黨、政、工、團各種組織都把搞好生產作為自己最高的也是最基本的任務；必須加強政治思想領導，把政治工作和經濟工作結合起來。於是，支部在今年製訂了比較完整的春季工作計劃，確定了支部、各小組和黨員個人的任務，規定了保証安全生產任務完成的工作重點，研究安全生產上的關鍵問題；改變黨小組組織形式，按生產車間編定小組；並責成工會、團總支也作出計劃。可是，一攤子的工作方式仍然未變，工作仍未能很好開展。因為支部書記又是廠長，過去主要是行政上一攤子，初步學習五三工廠經驗後，轉到以支委為中心的一攤子，不論行政、工廠、工會、青年團以及黨支部本身任何工作，不分問題大小，性質輕重，一律在支委會討論決定，支委不斷開會，忙得團團轉，問題仍然未能得到很好解決。行政、工會、青年團的組織作用未能很好發揮，未能推動更多的幹部和職工參加各方面的工作。結果一部份領導幹部很忙，而不少幹部對工作卻找不到頭緒。

後來在電業局黨委統一領導下，支部把全廠黨、政、工、團比較負責的幹部和全體黨員組織起來，有計劃地學習五三工廠經驗，為時將近三個月，每星期利用業餘時間學習三次共六小時。並邊學習，邊檢查，邊改進。經過學習，大家對下列問題有了較明確的認識：

一、加強政治思想領導，把政治工作與經濟結合起來，首先要面向生產，深入車間小組。在具體作法上：（1）要緊緊地把工作和學習結合起來，把存在的問題和羣衆的意見集中起來，學習研究上級指示決議，以此為統一思想的主要根據，以達到思想步調一致；（2）抓緊生產中心問題和關鍵問題；（3）培養典型，樹立旗幟；（4）深入的系統的調查研究，緊緊掌握職工思想情況；（5）推廣先進經驗，開展生產競賽；（6）進行表揚和批評與自我批評；（7）加強宣傳鼓動工作；（8）發揮各級組織的作用。

二、明確廠長負責制，是要實行在黨支部（黨委）統一領導下的廠長負責制，是以黨支部（黨委）為核心領導的廠長負責制；黨支部的政治思想領導和廠長負責制是統一的整體，不是分割對立的。支部保証監督生產任務完成，必須支持與保証廠長負責制的執行；而廠長要依靠工人階級搞好生產，首先要依靠黨的組織，依靠黨的政治思想領導。

三、明確黨支部實現對工會青年團的領導，應該是：（1）對工會主要是政治思想領導，不是具體業務、事務，什麼都管；支部要經常討論工會、青年團的計劃和每一時期的中心工作，幫助他們研究問題總結經驗；（2）經常教育黨、團員在各種工會活動中起模範作用；（3）發揮工會獨立的組織作用，提高工會的威信。

在這個認識的基礎上，在黨委具體的指示幫助下，支部工作有了基本的轉變，主要表現在：

一、以黨的核心統一領導、統一步調，黨支部對工廠實行統一領導，在生產中起監督與保証作用，其具體作法是：

（1）一個任務到來，首先在支委會進行研究，作出當前工作的初步佈署，然後在工廠行政會議和工廠管理委員會再作具體討論，擬訂計劃，做出決議，由廠長指示各行政組織貫徹執行。同時黨、工、團各組織再分頭進行更深入的討論，都根據這一中心任務作具體佈署，分別訂出具體計劃，作出決議，並在黨、團、工會小組動員討論，按各個系統往下貫徹。這就使黨、政、工、團團繞着搞好生產這一共同目標，在以黨為核心的統一領導下，從不同方面採取不同方法，互相配合，以完成國家任務。

（2）支部委員會的成員：支部書記為脫產幹部，廠長，工會主席為支部委員，團總支書記（黨員）列席支委會議，支委討論與某部門有關的問題，則吸收該部門黨員負責幹部參加。

（3）黨和羣衆組織的學習和各種業餘活動，以及凡帶羣衆性的工作，統一在支委領導下進行。支委根據各個工作情況，每月圍繞中心工作，安排好大致的時間進度，每星期五支委會議上，訂出下一星期的會議、學習等工作日程表，並於星期六下午公佈，使每一職工星期六下班時就知道下一週的工作中心和時間安排。

這樣，在支部為核心的統一領導，和以廠長為首的工廠管理委員會的統一推動下，黨、政、工、團思想步調已取得相當的一致，領導心中比較有數，任務比較明確，互相「碰頭」的情況減少了，各種力量比較結合起來。（未完）

① 摘编自《广州日报》1953年10月12日。

绩）；生产工作依靠工程技术人员和管理部门职员来领导和管理。许多生产上的任务和问题，党支部也往往不讨论。党、政、工、团思想步调不一致，工作上往往互相“碰头”，忙忙乱乱。加上支部工作从来没有计划，党内长期没有认真展开批评与自我批评，这就使得支部没有很好发挥其保证监督生产的作用。

以上这些情况，去年冬季生产改革开始时，基本上没有多大改变。直到五三工厂经验在报上发表，支部领导干部初步学习了五三工厂经验党的工作部份，才初步明确党要领导搞好生产，必须以依靠工人阶级思想作为一切工作的指导思想；必须使工厂中党、政、工、团各种组织都把搞好生产作为自己最高的也是最基本的任务；必须加强政治思想领导，把政治工作和经济工作结合起来。于是，支部在今年制订了比较完善的春季工作计划，确定了支部、各小组和党员个人的任务，规定了保证安全生产任务完成的工作重点，研究安全生产上的关键问题；改变党小组组织形式，按生产车间编定小组；并责成工会、团总支也作出计划。可是，一揽子的工作方式仍然未变，工作仍未能很好开展。因为支部书记又是厂长，过去主要是行政上一揽子，初步学习五三工厂经验后，转到以支委为中心的一揽子，不论行政、工厂、工会、青年团以及党支部本身任何工作，不分问题大小，性质轻重，一律在支委会讨论决定，支委不断开会，忙得团团转，问题仍然未能得到很好解决。行政、工会、青年团的组织作用未能很好发挥，未能推动更多的干部和职工参加各方面的工作。结果一部份领导干部很忙，而不少干部对工作却找不着头绪。

后来在电业局党委统一领导下，支部把全厂党、政、工、团比较负责的干部和全体党员组织起来，有计划地学习五三工厂经验，为时将近三个月，每星期利用业余时间学习三次共六小时。并边学习，边检查，边改进。经过边学边查，大家对下列问题有了较明确的认识：

一、加强政治思想领导，把政治工作与经济结合起来，首先要面向生产，深入车间小组。在具体做法上：（1）要紧紧地把工作和学习结合起来，把存在的问题和群众的意见集中起来，学习研究上级指示决议，以此为统一思想的主要根据，以达到思想步调一致；（2）抓紧生产中心问题和关键问题；（3）培养典型，树立旗帜；（4）深入地系统地调查研究，紧紧掌握职工思想情况；（5）推广先进经验，开展生产竞赛；（6）进行表扬和批评与自我批评；（7）加强宣传鼓动工作；（8）发挥各级组织的作用。

二、明确厂长负责制，是要实行在党支部（党委）统一领导下的厂长负责制，是以党支部（党委）为核心领导的厂长负责制；党支部的政治思想领导和厂长负责制是统一的整体，不是分割对立的。支部保证监督生产任务完成，必须支持与保证厂长负责制的执行；而厂长要依靠工人阶级搞好生产，首先要依靠党群的组织，依靠党的政治思想领导。

三、明确党支部实现对工会青年团的领导，应该是：（1）对工会主要是政治思想领导，不是具体业务、事务，什么都管；支部要经常讨论工会、青年团的计划和每一时期的中心工作，帮助他们研究问题总结经验；（2）经常教育党、团员在各种工会活动中起模范作用；（3）发挥工会独立的组织作用，提高工会的威信。

在这个认识的基础上，在党委具体的指示帮助下，支部工作有了基本的转变，主要表现在：

一、以党的核心统一领导、统一步调

党支部对工厂实行统一领导，在生产中起监督与保证作用，其具体作法是：

（1）一个任务到来，首先在支委会进行研究，作出当前工作的初步布署，然后在工厂行政会议和工厂管理委员会再作具体讨论，制订计划，作出决议，由厂长指示各行政组织贯彻执行。同时党、工、团各组织再分头进行更深入的讨论，都根据这一中心任务作具体布署，分别订出具体计划，作出决议，并在党、团、工会小组动员讨论，按各个系统往下贯彻。这就使党、政、工、团围绕着搞好生产这一共同目标，在以党为核心的统一领导下，从不同方面采取不同方法，互相配合，以完成国家任务。

（2）支部委员会的成员：支部书记为脱产干部，厂长、工会主席为支部委员，团总支书记（党员）列席支委会议，支委讨论与某部门有关的问题，则吸收该部门党员负责干部参加。

（3）党和群众组织的学习和各种业余活动，以及凡带群众性的工作，统一在支委领导下进行。支委根据整个工作情况，每月围绕中心工作，安排好大致的时间进度，每星期五支委会议上，订出下一星期的会议、学习等工作日程表，并于星期六下午公布，使每一职工星期六下班时就知道下一周的工作中心和时间安排。

这样，在支部为核心的统一领导，和以厂长为首的工厂管理委员会的统一推动下，党、政、工、团思想步调已取得相当的一致，领导心中比较有数，任务比较明确，互相“碰头”的情况减少了，各种力量比较结合起来。

中共广州电业局发电厂支部工作的转变（二）[①]

秋 林

二、掌握生产情况，面向生产

支部委员对一些主要车间都分工进行具体领导，分别深入车间，参加车间党小组、工会和生产小组、车间中心小组（等于车间管理委员会性质）的会议，发现问题，及时帮助解决。支部和小组每隔一星期就针对安全和生产方面的问题，进行讨论和检查。并规定工会、青年团和行

中共廣州電業局發電廠支部工作的轉變（續昨）

秋林

黨的生活

二、掌握生產情況，面向生產

支部委員對一些主要車間都分工進行具體領導，分別深入車間，參加車間黨小組、工會和生產小組、車間中心小組（等於車間管理委員會性質）的會議，發現問題，及時幫助解決。支部和小組每隔一星期就針對安全和生產方面的問題，進行討論和檢查。並規定工會、青年團和行政要經常向支部反映有關安全生產的情況。同時，行政上建立「廠長每日巡廠制」，支部書記和工會主席亦參加巡廠，以便直接了解和掌握生產情況。

每星期二上午，支部召開黨、政、工、團負責幹部的碰頭會，主要解決生產方面的問題，必要時亦討論有關工會和團的工作問題。

實行了這些辦法後，黨支部在領導上比以前主動了，發揮了監督保證生產的作用。

三、關於政治工作與經濟工作相結合的問題

每一個安全生產運動，甚至每一件生產工作首先做好政治思想動員工作，使生產工作加進政治內容。為此，必須加強宣傳教育工作。在支部宣教委員領導下，把工會文教主任、團總支宣教委員、行政上的教育幹部組成宣教工作核心小組，統一領導全廠群衆性的宣傳教育工作和文娛活動。每週支委會議把工作安排好之後，宣教委員就召集核心小組會，訂出一週宣教工作計劃，隨即在各車間宣傳鼓動中心小組（由宣傳鼓動工作的積極分子組成）會議上討論佈置，貫徹下去；並責成黨的宣傳員在各車間宣傳鼓動中心小組和各個宣傳陣地上起骨幹帶頭作用。在黑板報、大字報、壁報、廣播及其他宣傳陣地上除了反映生產情況或中心運動情況外，同時結合進行階級教育，前途教育和愛國主義教育，使職工知道為什麼而生產，認識工廠與工人、國家與工廠的利益的一致性，從而發揮主人翁精神去完成生產任務。

在每一個政治運動中，也加進具體生產內容。如紀念「五一」紀念「七一」，就提出超額完成煤耗保證安全不出事故，及保證檢修質量，提前完成檢修任務的生產要求；並展開生產競賽。

在宣傳鼓動工作中，經常注意用算細賬的辦法，加強對職工的思想教育。如在保證檢修質量中，說明檢修質量不好，運轉中就會出事故，如果全市停電一小時，全市用電戶損失要以億計，加上許多工廠因此停止生產，損失更難以計算；同時發生了事故，取消了安全獎金，工人們自己也有損失。這種辦法，對職工啓發教育效果很大。

為了實現政治工作與經濟工作相結合，必須抓緊政治思想領導。具體做法是：（1）調查研究職工政治思想情況，進行政治思想站隊。在生產改革中，支部會進行了全體職工的站隊，和積極分子的站隊（從積極分子中挑選建黨對象）。此外，經常掌握安全生產中的職工思想情況；對一些後進與先進的思想、人物，進行個別深入的調查研究；以便結合實際思想情況，進行宣傳教育工作。（2）培養典型，培養先進人物，樹立先進思想。支部決定以鍋爐車間為重點，培養一個典型小組，並在各車間選擇適當人物，進行培養，這是要很仔細，花費較長時間的工作。（3）抓思想和工作關鍵。生產上的關鍵問題，經支部統一研究，設法解決。生產改革以來，解決了裝機修爐，降低了煤耗；推廣了污水吹灰法先進經驗，解決積灰結焦問題；運用郭瓦廖夫工作法，每星期舉行一次燃煤、汽機、電氣研究小組會，交流經驗等等。思想上的關鍵問題，如今年五月間，由於職工中存在錦標主義思想，不少人隱瞞小事故，於是開展了反小事故反虛假隱瞞運動。七月份進行檢修工作，着重鼓舞職工情緒，解決職工提出的一些困難問題。八月份由於從黨內到黨外，相當普遍的滋長了驕傲自滿情緒，黨內自由主義思想在發展，支部便在黨內組織了學習，並對自由主義思想較嚴重，而又有代表性的幹部黨員展開批評與自我批評。通過這次學習和批判，黨員幹部在思想立場和黨性鍛鍊方面都提高了一步。

四、發揮工會、青年團組織的作用

支部首先教育黨、團員重視工會工作，號召黨、團員要做模範的工會會員，自動自覺地積極參加工會工作，明確依靠黨員做好工會工作就是做好黨的工作的一部分；並教育兼做工會委員的行政幹部，指出不應只看到自己行政任務一面，更應該重視發動群衆去完成生產任務。由於支部的支持，工會工作就開始活躍起來。支部同時通過黨委充實了工會和團的幹部，工會脫產幹部由一個人增加到三個人；團總支原來沒有脫產幹部，現配備了兩個脫產幹部。加上市總工會工作組和團市委工作組在廠具體幫助和領導，目前工會和團基本上已能發揮獨立的組織作用。

★ ★ ★

發電廠支部的工作，雖然是開始有了轉變，有了一些進步，但問題還多。主要是支部對安全生產方面的鑽研還不够，對關鍵抓不緊。如從六月份到現在，三、四個月的煤耗任務沒有完成，事故屢出，對這些問題，雖經常討論研究，但始終未找到關鍵問題。有時發現了問題，不能追根究底徹查下去，求得徹底解決。支委的工作仍表現一般化，深入重點掌握典型做得不够。由於領導工作不深入，宣傳教育工作也就缺乏深刻的思想內容，政治思想領導未能發揮應有作用，黨內黨外存在的一些落後現象也就未能及時加以克服。這都要在今後的工作中繼續努力，求得改進。

（完）

① 摘编自《广州日报》1953年10月13日。

政要经常向支部反映有关安全生产的情况。

同时，行政上建立“厂长每日巡厂制”，支部书记和工会主席亦参加巡厂，以便直接了解和掌握生产情况。

每星期二上午，支部召开党、政、工、团负责干部的碰头会，主要解决生产方面的问题，需要时亦讨论有关工会和团的工作问题。

实行了这些办法后，党支部在领导上比以前主动了，发挥了监督保证生产的作用。

三、关于政治工作与经济工作相结合的问题

每一个安全生产运动，甚至每一件生产工作首先做好政治思想动员工作，使生产工作加进政治内容。为此，必须加强宣传教育工作。在支部宣教委员领导下，把工会文教主任、团总支宣教委员、行政上的教育干部组成宣教工作核心小组，统一领导全厂群众性的宣传教育工作和文娱活动。每周支委会议把工作安排好之后，宣教委员就召集核心小组会，订出一周宣教工作计划，随即在各车间宣传鼓动中心小组（由宣传鼓动工作的积极分子组成）会议上讨论布置，贯彻下去；并责成党的宣传员在各车间宣传鼓动中心小组和各个宣传阵地上起骨干带头作用。在黑板报、大字报、画报、广播及其他宣传阵地上除了反映生产情况或中心运动情况外，同时结合进行阶级教育、前途教育和爱国主义教育，使职工知道为什么而生产，认识工厂与工人、国家与工厂的利益的一致性，从而发挥主人翁精神去完成生产任务。

在每一个政治运动中，也加进具体生产内容。如纪念“五一”纪念“七一”，就提出超额完成煤耗保证安全不出事故，及保证检修质量，提前完成检修任务的生产要求；并展开生产竞赛。

在宣传鼓动工作中，经常注意用算细账的办法，加强对职工的思想教育，如在保证检修质量工作中，说明检修质量不好，运转中就会出事故，如果全市停电一小时，全市用电户损失要以亿计，加上许多工厂因此停止生产，损失更难以计算；同时发生了事故，取消了安全奖金，工人们自己也有损失。这种办法，对职工启发教育效果很大。

为了实现政治工作与经济工作相结合，必须抓紧政治思想领导。具体做法是：（1）调查研究职工政治思想情况，进行政治思想站队。在生产改革中，支部曾进行了全体职工的站队，和积极分子的站队（从积极分子中挑选建党对象）。此外，经常掌握安全生产中的职工思想情况；对一些后进与先进的思想、人物，进行个别深入的调查研究；以便结合实际思想情况，进行宣传教育工作。（2）培养典型，培养先进人物，树立先进思想。支部决定以锅炉车间为重点，培养一个典型小组，并在各车间选择适当人物，进行培养，这是要很仔细、花费较长时间的工作。（3）抓思想和工作关键。生产上的关键问题，经支部统一研究，设法解决。生产改革以来，解决了装机修炉问题，降低了煤耗；推广了污水吹灰法先进经验，解决积灰结焦问题；运用郭瓦廖夫工作法，每星期举行一次燃煤、汽机、电气研究小组会，交流经验等等。思想上的关键问题，如今年五月间，由于职工中存在锦标主义思想，不少人隐瞒小事故，于是开展了反小事故反虚假隐瞒运动。七月份进行检修工作，着重鼓舞职工情绪，解决职工提出的一些困难问题。八月份由于从党内到党外，相当普遍的滋长了骄傲自满情绪，党内自由主义思想在发展，支部便在党内组织了学习，并对自由主义思想较严重、而又有代表性的干部党员展开批评与自我批评。通过这次学习和教育，党员干部在思想立场和党性锻炼方面都提高了一步。

四、发挥工会、青年团组织的作用

支部首先教育党、团员重视工会工作，号召党、团员要做模范的工会会员，自动自觉地积极参加工会工作，明确依靠党员做好工会工作就是做好党的工作的一部分；并教育兼做工会委员的行政干部，指出不应只看到自己行政任务一面，更应该重视发动群众去完成生产任务。由于支部的支持，工会工作就开始活跃起来。支部同时通过党委充实了工会和团的干部，工会脱产干部由一个人增加到三个人；团总支原来没有脱产干部，现配备了两个脱产干部。加上市总工会工作组和团市委工作组在厂具体帮助和领导，目前工会和团基本上已能发挥独立的组织作用。

发电厂支部的工作，虽然是开始有了转变，有了一些进步，但问题还多。主要是支部对安全生产方面的钻研还不够，对关键抓不紧。如从六月份到现在，三、四个月的煤耗任务没有完成，事故层出，对这些问题，虽经常讨论研究，但始终未找到关键问题。有时发现了问题，不能追根究底彻查下去，求得彻底解决。支委的工作仍表现一般化，深入重点掌握典型做得不够。由于领导工作不深入，宣传教育工作也就缺乏深刻的思想内容，政治思想领导未能发挥应有作用，党内党外存在的一些落后现象也就未能及时加以克服。这都要在今后的工作中继续努力，求得改进。

（完）

工人阶级的先进旗帜①

本报记者

在广州电业局发电厂，你经常可以碰见这样一个老工人：他长着高高的个子，穿一套褪色的工人服，鼻梁上架副老花眼镜，手里拿着个厚薄仪，态度和蔼可亲。每天从早到晚，各个车间，各个角落都响遍了他的脚步的声音。

工人階級的先進旗幟
——記特等勞動模範王生保
·本報記者·
王生保

就是这样一个看来很平凡的人，修好了废弃多年的一号汽轮机，为国家创造了八十八亿多元的财富；又是他，把两部不同国家出品的发电机和汽轮机安装起来合并使用，供应了全市工业用电和生活用电的需要；也是他，苦心钻研出安装透平发电机的先进工作法，提前完成安装新透平发电机的工程任务。这个人的名字，不用说，大家也都知道的了。他就是曾当选为全

① 摘编自《广州日报》1954年2月25日。

国劳动模范、广州电业局发电厂一级功臣，这次又被评为广州市第二届特等劳动模范的王生保。熟悉的人见到了，都会亲切的叫他一声“老王”。

提起老王的模范事迹，那可太多啦！上面所举只是他的荦荦大端罢了。由于他立下了不少功绩，所以四、五年来从一个普通技术工人被提拔为修理股副股长、汽机工场主任而至副厂长；并且光荣地参加了中国共产党，成为广大工人群众的一个光荣的榜样。几年来，在党、行政、工会的教育和培养下，老王更加体会到当家作主人的荣誉感和责任心，特别是一九五〇年当选了全国劳动模范，去北京见过毛主席之后，他更深深的受感动了。这个五十多岁、有着三十多年工龄、在旧社会受尽剥削压迫的老工人，感到这辈子算是没有白过了。他认识到劳动是最光荣的，工人阶级的事业是最伟大的，当时就立下了这样一个心愿：“我一定要更努力工作，保持劳动模范这个光荣的称号，我一定不能辜负毛主席的期望！”由于思想觉悟的提高，也进一步发展了他生产上的本领。

几年来，老王和全厂职工一起，不断地完成和超额完成各项生产任务。他除了一九五〇年和工程师合作修好一号汽轮机，一九五一年领导工人安装好不同国家出品的发电机和汽机联接使用的工程之外，一九五二年安装新透平发电机以代替旧一号西门子机的经过，也是一个很动人的事例。

一九五二年冬天，本市的工业用电逐渐增多了，西村电厂原有的设备已经不足应付，领导上于是决定在旧一号西门子机的底脚上安装一副新的透平发电机。

这个安装的任务，落在老王身上。

本来关于这个安装工程，在广州解放不久之后，曾有新通洋行来打过交道，索价二八、〇〇〇个折实单位，安装时间则订为四个半月，这件事就一直耽搁下来。老王这次接受了这项安装工程任务，就订出了六十二天完成安装工程的计划。这可不是一件容易的事情！因为新的透平发电机没有完整的安装图样，而大家又没有摸过这部机器，工程期限又很紧迫，加以要把这副机器安装在旧机的底脚上，这就必须把原来旧机的底板拆除和打地脚螺丝孔等许多繁杂工作，困难是很多的。但老王是不会给困难吓倒的人。不管任务怎样繁重，只要他一想到祖国建设的第一个五年计划就要开始了，无数的马达、皮带等待着电力来推动的时候，就变得勇气百倍了。加上党委书记、党支书又不时给他支持和鼓舞，他就更加坚定了信心，日夜摸着机器来和工程师苦心研究。

"怎样完成任务呢？"老王整日在想，深夜了，也还不能入睡。他苦苦地追忆着无数次安装机器的经验，拿来反覆对比，想来想去真是困难重重，特别在时间上更没有把握。但是毛主席的指示，又在他的耳边响起来："劳动模范要起带头作用、骨干作用、桥梁作用！""工人阶级的创造力是无穷无尽的！"

"对啦！"他心里想着，"我是一个共产党员，又是劳动模范，我一定得想出办法来克服困难，完成任务才行！"

经过了连夜的苦思焦索，和工程师不断的交换意见，凭理论，凭经验，老王终于战胜了困难，赢得了时间，从工作方法到每一具体的施工细节都作了通盘的筹划；并且还想出了先行装上机身然后浇注基座水泥、使附件装嵌工作得以同时进行的办法，节省了等待水泥凝固的虚耗时间，和安装新机的同时，在拆卸旧机方面，也按照机器构造的程序依次进行。结果使工程提前八天完成，为安全生产和保证工业用电提供了有利条件。这个新工作法，许久之后才被发现与苏联“组合安装”先进工作法相吻合。

老王勇于迎接和克服困难的英雄气概，在这一事件上得到了充分的表现；而他爱工厂、爱劳动的优良的品质则渗透于无数日常的生活、工作之中。差不多已成为一种生活规律了。每天一早他就爬起来，到附近的茶居喝一盅茶，就在那里和那些每日必到的老工友碰碰头，搜集一些各式各样的意见。然后带着这些意见，提早几十分钟上班。按例是先到汽机、锅炉、电气等车间巡视一遍，了解情况，然后开始一天的工作。

他的工作常常是繁重而艰巨的，哪里有困难他就出现在哪里，碰到什么事故，总是一马当先。也不论是钻炉、攀高、举重……，他总是抢在前面。有一次汽喉泄气了需要抢修，他知道大家经验不够，会有危险，坚持亲自动手。虽然温度太高了，他一连热晕了两次，但他醒来后，又立刻冲上去修，一直到修好了方才住手。去年九月抢修炭屎闸，也是他带头钻进高温的炉膛，在一个星期天抢修完竣。去年冬天安装巴底风时，他更昼夜不停，指挥和协助工人操作。有一次锅炉前拱发生倾裂现象，也由于他及时抢修，才避免了严重的事故。总之这类事情已经多到不胜枚举了。有时汽机发生一些小障故，本来不需要他在场的，但每次也必然见他出现，有时三更半夜，修机工友一抬头，也发现他就在面前。差不多什么机器的构造，老王都肚里有数，拿着厚薄仪一量，就知道你做得对不对头。因此工友们有事都喜欢去找老王，而他也总是和颜悦色地给人解答，办法既多，又能“落手落脚”来做，没有半点架子。所以工友们都热爱着他们这位“工人厂长”，以他为自己的荣耀。

老王所以赢得群众的爱戴，除了他在生产上能够带头动手，勇敢迎接和善于战胜困难之外，还有一点是深深印在人们的记忆里的，就是他又是一个最善于体贴别人困难的人；而且奖罚严明，从不抹煞别人的功绩，真的做到叫人心服口服。在工友间流传着这样一件故事：有一次一位生产组长的儿子害病了，他向工会请求借款三十万元，因为一时借不到钱就生了气不来上班。老王一听闻这事，就亲自到家里找他，一面为他解决了经济上的问题，一面又告诉他工人当家作主的大道理。结果那位工友也觉得自己这样闹情绪不对，就马上照常上班，而且后来还成为修炉的一个优秀工作者。关心和爱护学徒也是老王的优点之一。他不会像一些老师傅那样留下一手“看家本领”，却要把全副本事都教给了徒工。许多技工、徒工在他的帮助和培养下，都能很快提高了技术。

王生保就是这样刻苦坚韧、忠心耿耿地担负着党和人民交给他的任务，为国家社会主义工业化贡献出一切力量。他是广大工人群众的一面先进的旗帜，在他身上，我们看到了工人阶级优秀的道德品质。

广州电业局发电厂党支部培养技术工人和技术干部的做法及经验①

中共广州市委组织部综合干部管理处

广州电业局发电厂党支部四年来重视对技术人员、技工、学徒的培养教育和训练工作，使该厂生长出大批技术干部和熟练技工，因而，有力地推动了各个时期的生产工作，曾出现安全运转四百天的纪录，去年厂内抽调了工程师、技工等九十人支援基本建设，并提前完成了国家生产计划。

广州电业局发电厂党支部培养技术工人和技术干部的做法主要有以下几方面：

一、从学徒中培养熟练工人

去年四月大量技工被抽调之后，厂内技工大感缺乏，新入厂的徒工剧增，如对培养熟练工人的工作采取忽视态度，必将影响生产任务的完成。因此，党支部就把培养熟练技术工人和技术干部作为这一时期的中心任务，由行政拟订了计划，通过

① 摘编自《广州日报》1954年3月16日。

下面两种形式开展了培养熟练工人的工作。

（一）签订师徒合同。这是有计划地提高学徒技术、加强师傅责任心，密切师徒关系的主要方法。但开始却碰到来自师徒两方面的思想抵触：在师傅方面强调工作忙，怕麻烦，认为订不订都一样，我尽力教就算，有个别则怕学徒要求过高，怕埋怨，怕学徒中途调走，白费心机；在学徒方面则存在着好高骛远的思想，希望几个月升几级，对师傅缺乏信心，只愿意跟技术好的师傅，诸多挑选。支部根据这个情况，首先召开了全体职工大会进行动员，讲清楚培养技术人材的重要意义，说明签订师徒合同是培养技术人材的重要方法，提出“教好学徒为国家培养人材，学好技术为的是支援祖国经济建设”的口号。其次，又布置工会、青年团组织，在各单位分别召开师傅座谈会、学徒座谈会、师傅学徒座谈会，进行漫谈，以达到明确订立合同的目的和好处，扫除思想障碍，然后展开签订合同的工作。

师徒合同的内容必须密切结合生产，切实可行，防止冒进情绪。如当时有的订得内容太繁杂，有的忽视安全，甚至要求过高。支部一方面进行说服，一方面拿出“样板”来进行教育。例如锅炉工场烧焊组曹福禧师傅、汽机工场谢以超师傅、钳工组吴庆祥师傅的合同订得比较切实具体，便通过大字报、广播等加以宣传介绍。这样就教育和带动了其他师傅，切实订好了师徒合同。

为保证师徒合同的执行，支部又推动行政、工会、青年团组织了合同检查委员会，建立了定期检查制度，结合每一时期中心工作进行检查。

由于支部的重视与不断注意解决职工的思想问题，行政、工会、青年团分工负责发动了群众，因此，在执行合同中教与学双方情绪都很高涨；表现了认真教好和认真学好的负责精神。如烧焊组七个学徒，不仅能做到自己学好，还利用空闲时间，交流学习经验。汽机工场的张炜、梁朝达两师傅不仅在工作时细心教学徒，还利用其它空闲的时间帮助学徒学习。因此，学徒的技术水平都迅速提高，由六月到年底，绝大部分学徒可以提升一级，少数还可以达到三级技术水平。个别学徒不但掌握了技术，而且在生产上有了创造，如张戴金创造了车床上三夹头，大量节省了车多量螺丝时间，并解决了三部活动卡盘的使用问题。

（二）脱产训练。当时电厂的情况是学徒多师傅少，有的师傅一人要带七个徒弟以上，因此，行政就决定开办短期训练班，把部分学徒集中起来进行学习。最初这些学徒信心不高，认为没参加实际工作学不好。支部就指出开办短期训练班是党大量培养熟练工人的重要方法，同时又通过青年团组织发动团员带头学习，初步安定了大家的学习情绪。以后支部又督促行政着重解决了以下两个问题，学徒的学习情绪就逐渐高涨起来，技术水准也迅速得到提高：

（1）把课堂教学与工场实习结合起来，半天上课，半天实习。课堂教学内容是一般技术理论、电业基本知识、保安规程、绘图等。工场实习是按各工种分头到工场实习或参加中心工作。例如电机工场学徒在参加五仙门大修中学会了整理内线，焙乾变压器算电压，接Y型角形变压器，大部分可以提升一级。又如对保安规程学习，初时感到生硬无味，就举出本厂过去各种事故进行实例教育，这样就提高了大家的学习兴趣。

（2）统一安排教员授课时间，充分准备实习工具材料。当时教员大都是兼职，生产任务很重，行政就为他们统一安排了时间，让他们更好地进行备课；同时购买了廿个新批士钳等，准备了充分的实习工具，这样既保证了教学质量，也提高了学徒的学习信心。

二、老技工的培养提高

老技工是生产上的骨干，也是培养技术力量的依靠。四年来电厂党支部对老技工的培养教育主要采取下列办法：

（一）加强政治教育，积极慎重地进行建党，大胆提拔，树立旗帜。在民主改革和生产改革等运动中，支部都有计划地对老技工进行挑选和培养，组织他们参加党课学习；在政治上培养提高之后，经过审查把其中具备党员条件的发展为党员。如老技工王生保，熟悉厂内设备，生产经验丰富，支部即有意识加以培养教育，此后在他的带动下修好二号汽轮机，当选为全国劳动模范，在群众中树立了威信，有入党要求，支部继续加以培养审查，发展为党员，行政也将他提拔起来当副厂长。王生保的提拔对其他老技工教育很大，他们纷纷反映："想不到工人都能当厂长"，更明确地树立起当家作主的思想。像这样经过长期的培养教育，打好了基础，提拔起来以后，一般都能称职，能完成党的任务。截至目前支部在老技工中已发展了党员廿二人，他们大部分已成了现场生产中的骨干。

（二）进一步从技术理论上和文化上加以提高。老技工有丰富操作经验，但缺乏理论知识，必须在与技术人员密切结合下才能很好地发挥力量。因此，支部很注意这一问题。如技工陈兆雄被提拔为锅炉车间主任后，工作中的计划性及组织领导较差，支部就教育他要团结技术员合力搞好工作。后来陈兆雄有事就找技术员林折根商量，虚心向他学习，在订立生产计划、公约等方面都起了互相帮助推动的作用。此外支部又督促行政举办了业务讲习班，统一安排了工作、学习时间，使技工除每十二天能有一天进行业余技术学习外，还能进行系统的文化学习。

（三）不断地推广先进经验，在生产实践中以批评与自我批评克服保守思想和经验主义。老技工一般存在保守思想，对于先进经验不易接受，这就需要在党内外耐心进行说服教育。如锅炉车间主任陈兆雄（党员）对推广苏联先进经验风压分层及分段送风法都曾表示不赞同，支部就对他进行说服教育，指出学习和推广苏联先进经验是提高技术、搞好生产的重要环节；并通过党小组会展开了批评，以后他就逐步认识了错误。

三、做好对技术人员的团结、改造、培养、提高的工作

（一）对原有技术人员，电厂党支部主要是采取以政治上提高，技术上尊重，生活上关心相结合的办法，正确地进行团结改造。支部通过各项政治运动慎重审查挑选原有技术人员中的先进人物，加以培养，在强调其与工人相结合下进行思想教育改造，通过共产主义与共产党的学习，使他们树立对党的正确认识，继而吸收其中具备党员条件者入党，并由行政提拔他们到领导岗位上来，担任技术领导工作，通过生产检查开展批评与自我批评等方法，克服他们中间存在的单纯技术观点。工程师孙百城经培养教育吸收其入党并提拔为副厂长后，对推广苏联先进经验，降低煤耗等方面表现了更大的积极性和创造性。但他对安全工作却不够重视，也没很好注意对工人进行教育，以致操作规程不能很好的贯彻，因操作错误曾造成了多次重大事故。支部通过去年十二月安全工作总结，指出他的错误。后来孙百城便作了自我批评，改进了工作方法。

（二）对新参加工作的高等学校毕业生以及归队技术人员的培养教育。培养方法一般是大胆使用、专人帮助（跟班）、和积极支持。起初，有的老技术人员认为高等学校学生缺乏经验，在掌握操作技术上不行，支部即指出他们年青、热情、富于钻研精神，容易接受新鲜事物，只要加以培养帮助，是可以迅速掌握操作技术的。如武汉大学毕业生沈健生（党员）、颜鸣鹤来厂后，决定培养为运转中值班，支部即通过行政指定原值班技术员具体帮助进行机炉电实际教学，经过半年即提升为技术员，进行值班。此外，对他们中间一部分人存在好高骛远不安心工作等错误思想，也注意教育说服，提高其政治觉悟。这样在支部的培养教育下，他们在工作中都发挥了作用，老技术人员也逐步改变了对他们的看法。

留言 生命熄灭的交代

曾 志

我曾在写给中央一份倡议信上签了名，即死后，不开追悼会，不举行遗体告别仪式等。除了上述这些，还不要在家里设灵堂。我死了，除陶斯亮和在北京的家里人，在京外的，如志修、曼华、春华，井冈山的来发、金龙，宜章的昭德，贵州的铎莲，大连的昭仁，以及祁阳的党政组织，和北京的其他任何战友都不要通知。把我的遗体先交医院解剖，有用的留下，无用的火化。火化时除斯亮少数几个人办理，还请中组部老干部局，帮助料理，但千万不要声张，不让其他人知道。我想这样做，才真正做到节约不铺张。人死了，本人什么都不知道，战友亲属们来悼念，对后人安慰也不大，倒是增加一些悲哀和忙碌，让我死后作一名彻底丧事改革者！我的骨灰一部分埋在八宝山一棵树下当肥料，一部分埋在井冈山一棵树下当肥料，还留一点放在家里的骨灰盒里，埋在白云山有手印的那块大石头下。埋下去，静悄悄的，绝不要搞什么仪式。由陶斯亮把骨灰送井冈山，事先不要告诉来发和井冈山党组织。死后三个月，由陶斯亮发一个讣告，并在报上登个消息，不要写简历生平。我唯一要求的，是费了多年心血写成的回忆录，请女儿陶斯亮，趁身体健康，脑子够用的时候，抓紧点时间，集中一下精力，尽量快些整理出来。我这几十年的历程，也可以反映我国革命社会历史的一点侧面，不论是好是坏，总算留给后人一点史实。我上述所有愿望，请女儿陶斯亮遵重我的遗愿，照办。

一九九二年七月廿日于北代河

主要参考文献

《广州日报》
《南方电网报》
《南方日报》
《人民日报》
《广州电力工业志》编纂委员会：《广州电力工业志》，内部资料，2001年。
广东电网公司新闻中心：《风雨光明路》，广州：南方日报出版社，2019年。
广东省地方史志编撰委员会：《广东省志·电力工业志》，广州：广东人民出版社，1998年。
广州电业局：《1953年上半年工作总结》。
广州电业局：《三年来电业工作情况》，1952年9月18日。
广州电业局：《通知》，1953年12月24日。
广州电业局：《西村村发电厂安全运转300天总结》，1953年3月。
广州电业局：《西村发电厂厂务会议记录》，1953年3月—12月。
广州电业局：《西村发电厂工会组织劳动竞赛的工作检查总结（修改稿）》，1954年10月20日。
广州供电局：《彭合和采访记录》，2021年3月26日。

广州供电局：《张向华采访实录》，2021年4月29日。
广州市档案馆：《广州大事记》，广州：广州出版社，1996年。
广州市地方志编纂委员会：《广州市志·卷五（下）》，广州：广州出版社，2000年。
广州市人民政府电业管理处：《广州市人民政府电业管理处解放以来企业情况》，1951年。
李讲：《关于〈人民电业〉创刊的点滴回忆》，《中国电业》2001年第2期。
陶斯亮：《又到四月　思绪如柳——写在母亲曾志百年诞辰日》，《中华儿女》，2011年第11期。
陶斯亮：《致母亲——白云山上的祭文》，《时代潮》1999年第3期。
王林等：《电力工业的重大改进》，北京：燃料工业出版社，1951年。
王青青：《曾志画传》，北京：北京大学出版社，2011年。
曾志：《百战归来认此身——曾志回忆录》，北京：人民文学出版社，2011年。
曾志：《一个革命的幸存者——曾志回忆录》，成都：四川人民出版社，2019年。
中共广州市委组织部，中共广州市委党史研究室，广州市档案馆：《中国共产党广州市组织史资料》，广州：广东人民出版社，1993年。
中共中央组织部：《学习曾志同志的共产党人革命精神和高尚品德》，《中国组织人事报》2011年4月6日。

后　记

习近平总书记指出，红色资源是我们党艰辛而辉煌奋斗历程的见证，是最宝贵的精神财富，一定要用心用情用力保护好、管理好、运用好。

为落实好习近平总书记关于开展党史学习教育的重要指示精神，赓续广州电力工业发展的红色基因，深入讲述曾志同志在广州电力工作期间的建设岁月，在南方电网公司和广东电网公司的部署和指导下，广州供电局党委启动了《曾志与广州电力》编纂工作。

广州供电局党委专门组织成立了编纂委员会，负责全书的策划、统筹、协调和指导工作。同时抽调精干力量成立编写组，围绕曾志同志的史料开展了红色资源专项调查，对其在广州电业局在任期间的历史背景、工作事迹和具体举措等进行了细致的挖掘、搜集和整理，并开展撰写、编辑和校核工作。

编写组的同志们踏上江西井冈山、福建古田，追寻曾志同志的革命足迹；深入广州发电厂（原西村发电厂）、华安楼，查访曾志同志的工作轨迹；前往省市档案馆、图书馆、杂志报社，查阅曾志同志推动电业发展的历史印记；访谈曾志同志的后代、电业局的老员工，倾听他们讲述曾志同志的点点滴滴。以此形成相关档案资料逾600件，为本书的撰写奠定了坚实的史料基础。

本书的主要依据是广东省档案馆保存的广州电业局工作文件、总结报告；广州发电厂档案馆保存的《西村发电厂厂务会议记录》、公告通告、工作文件；《南方日报》《广州日报》等报刊资料；《南方电网电力志》《广东省志·电力工业志》《广州电力工业志》等电力史料；同时还参阅了《百战归来认此身——曾志回忆录》《一个革命的幸存者——曾志回忆录》《曾志画传》《百年灯火》《风雨光明路》等图书；以及陶斯亮、蔡军等曾志同志后人和陈友明、彭合和等广州电业局离休老员工的回忆文章、访谈等。

《曾志与广州电力》主体内容共分四章，集中记述了1952年至1955年曾志担任广州电业局第一任党委书记、局长以及1955年至1966年担任广州市委书记分管工业期间，在推动电力工业建设方面所作的积极贡献，辅之以相关的历史背景与电力发展足迹，使我们具体了解广州电力工业在新中国成立初期所走过的风雨历程，展现曾志同志作为新中国第一批电力工业建设者的初心使命，激励我们尤其是青年一代继承和弘扬新中国第一批电力工业建设者的优良作风和崇高思想，为实现中华民族伟大复兴的中国梦而努力奋斗。

在工作过程中，我们得到了南方电网公司和广东电网公司的悉心指导，也得到了南方日报社和广州日报社的鼎力相助，在此表示诚挚谢意。

由于时间仓促、工作量巨大，涉及的事件、人物较多，记述的内容和笔者对史料的思考及研究也都未经过长时间的沉淀与打磨，加上编写组水平、视野及所掌握的资料有限，书中难免有错讹之处，还有许多需要进一步挖掘与深化的地方。敬请各位专家学者和广大读者赐教。

编委会

2021年12月